U0854941

教育深呼吸

JIAOYU SHENHUXI

周梅芳 著

教育

湘潭大学出版社
XIANGTAN UNIVERSITY PRESS

图书在版编目（CIP）数据

教育深呼吸 / 周梅芳著. -- 湘潭 : 湘潭大学出版社, 2023.9
ISBN 978-7-5687-1209-5

Ⅰ. ①教… Ⅱ. ①周… Ⅲ. ①小学教育一教育研究 Ⅳ. ①G622.0

中国国家版本馆CIP数据核字（2023）第158110号

教育深呼吸

JIAOYU SHENHUXI

周梅芳 著

责任编辑：渠珊珊
封面设计：李 平
出版发行：湘潭大学出版社
社　　址：湖南省湘潭大学工程训练大楼
电　　话：0731-58298960 0731-58298966（传真）
邮　　编：411105
网　　址：http://press.xtu.edu.cn/
印　　刷：长沙创峰印务有限公司
经　　销：湖南省新华书店
开　　本：710 mm×1000 mm 1/16
印　　张：17.25
字　　数：222千字
版　　次：2023年9月第1版
印　　次：2023年9月第1次印刷
书　　号：ISBN 978-7-5687-1209-5
定　　价：52.00元

用爱育人　用心教书　用情管理

习近平总书记曾说过，人民幸福安康是推动高质量发展的最终目的。闻一知十，学生的幸福成长是推动教育高质量发展的最终目的。青少年阶段正是人生的“拔节孕穗期”。这一时期，孩子们的知识体系搭建尚未完成，价值观塑造尚未成型，情感心理尚未成熟，加之人生阅历有限，容易受外界各种诱惑所影响，如果不加以正确引导和坚持不懈教育，青少年就难以树立正确的理想信念。因此，无论什么时候，教育工作者为党育人的初心不能忘，为国育才的立场不能改。

义务教育最突出的问题之一是中小学生负担太重，短视化、功利化问题没有根本解决。在全面落实立德树人根本任务的过程中，教师作为不可或缺的深度参与者，必然要挑重担、扛重责，讲究科学的方法和策略。立德树人和促进学生的幸福成长并不矛盾，相反，只有坚持立德树人，教师才能更好地服务于学生的成长成才。然而有些时候，人们违背了教育规律和学生成长发展规律，以“应试”为导向，增加了学生的课业负担，脱离了育人的正常轨道。面对这样的问题，我们应多些思考、多些探究，在全面落实立德树人根本任务的同时，建立健全促进学生身心健康、全面发展的教育长效机制。

在2018年全国教育大会上，习近平总书记指出：深化教育体制改革，目的是提高教育质量。要着眼于“教好”，围绕教师、教材、教法推进改革，探索形式多样、行之有效的教学方式方法，切实在素质教育上取得真正的突破。要着眼于“学好”，围绕立德立志、增智健体、成才用才推进改革，为每个人成长成才创造有利条件。要着眼于“管好”，坚持依法治教、依法办学、依法治校，完善办学制度，强化从严治校机制，不断健全教育管理制度体系。

作为一名基础教育的实践者和管理者，深刻体会，深以为是。习近平总书记的精辟阐述给我们指明了方向，也提供了明晰的方法论。

持之以恒用爱育人。育人不能“躺平”，不能花里胡哨，而是要下真功夫，充满热情与爱心。坚持德育在先，育人的根本在于立德，唯有立“德”，方能“树”人。要始终把坚持正确政治方向摆在首位，努力培养听党话、跟党走，扎根人民、奉献祖国的社会主义建设者和接班人。

孜孜不倦用心教书。注重将教育理论运用到课堂教学实践，用现代教学理念和新课程标准的精神来指导课堂教学改革。掌握过硬的教学基本功，熟悉课程标准，通晓教材，能独立深入地分析教材，准确把握其重点、难点，正确处理好教学内容之间的衔接。要大踏步地走进课堂，走近学生。教学中，力求做到以学定教，寓教于乐。注重构筑平等、民主、宽松、和谐的课堂，尊重每一个学生，以赏识的眼光看待每一个学生，与他们合作交流，平等对话，让学生的幸福感油然而生。

矢志不渝用情管理。作为一个学校的校长，深感肩上的责任重大。办什么样的教育？培养怎样的人？这是值得我深入思考的问题。要关注每一名教师的成长，努力提升其专业水平，使其成为朋友型、学习型、研究型、学者型的教师。“为师先为人，修业先修德。”学校要以打造师德高尚、敬业爱生、善教乐教的教师队伍为目标，组织丰富多彩的专题活动，切实加强师德师风建设，有力地提高广大教师的职业道德水平和战斗力，为培养高素质学生提供强有力的保障。要着眼于未来，让每个学生实现全面发展。

学校教育应当把立德树人摆在首位，努力培养德智体美劳全面发展的高水平人才，着力培养有坚定理想信念、爱国主义情怀、高尚品德修养的社会栋梁之材。要始终坚持每个学生都很重要、每个学生都张扬个性、每个学生都唤醒潜能、每个学生都全面发展，唯有如此，学生的幸福成长才会水到渠成。

我心中理想的教育，就是坚持立德树人，努力追求适合每个孩子发展的教育。尊重学生的个性，为每个学生尽可能地提供适合他们发展的空间，让每个孩子快乐、幸福地成为最好的自己。在这条路上，我也将踔厉奋发，努力做一名“幸福教育”的探索者和引领者。

目 录

教育：润物细无声

教学：口衔山石细

管理：心望海波平

教育：润物细无声

德国哲学家雅斯贝尔斯说："教育意味着一棵树摇动另一棵树，一朵云推动另一朵云，一个灵魂唤醒另一个灵魂。"一个鼓励的眼神，一次倾心的谈话，都可能对孩子产生意想不到的影响，可能会改变他的人生。因为爱，能使孩子那颗敏感脆弱的心不再迷茫；因为爱，能使孩子踌躇不前的脚步变得坚定有力。

教育，为了人的发展

习近平总书记指出：“教育决定着人类的今天，也决定着人类的未来。”办什么样的教育？培养怎样的人？这是值得教育工作者深入思考的问题。学校教育，应面向全体学生，培养他们的正向价值观。教师要学会倾听学生的声音，了解他们的所需、所想，为他们的健康快乐成长提供养分。好的教育是人人都能接受的全面的教育，人人形成正向价值观，人人成就最好的自己。

“为师先为人，修业先修德。”学校要以打造师德高尚、敬业爱生、善教乐教的教师队伍为目标，组织丰富多彩的专题活动，切实加强师德师风建设，为培养高素质学生提供强有力的保障。

一、上下求索，实现教师专业发展

（一）每位教师俯下身子

学校要营造人人争当“四有好老师”的氛围，引导教师“有理想信念、有道德情操、有扎实学识、有仁爱之心”。一方面，教师要热爱教育、热爱学生，能看到每个学生的闪光点，相信每个学生都是积极向上的。另一方面，教师要善于与学生交朋友，走进学生的内心，读懂学生的喜怒哀乐。最好的教师不是高高在上的，而是学生愿意亲近的。

“亲其师，信其道。”良好的师生关系是优质教育的开端，也是学生成长的基石，能起到事半功倍的效果。所以，教师热爱学生，有优良的师德师风尤为重要。

（二）每位教师善于学习

育人者必先育己，育己必先学习。要给学生一杯水，教师应有一桶水。浅显的话语道出了为人师表的准则——做一名学习型教师。在教育教学工作中，每位教师应当建立“教师成长记录袋”，树立专业成长目标，加强学习，努力提升专业能力。一名教师，只有勤于学习，才能与时俱进，及时更新教育观念，跟上现代教育改革的步伐。从目前的情况来看，学生的知识储备更多，见识更广阔，思维更活跃，思想更开放。如果教师们不提高自己的教学水平、学识素养，就会跟不上学生的步伐。所以，教师是终身学习的职业，教师只有善于学习，才能培养出善于学习的学生。

（三）每位教师潜心钻研

求木之长者，必固其根本；欲流之远者，必浚其泉源。校本课程在学生全面发展、教师专业提升、学校特色建设等方面起到了举足轻重的作用。校本课程的开发，激发了教师的主体意识和研究意识，每位教师潜心研究课程标准和学生学习情况，确立恰当的教学目标，设计适合的课程内容，有效地实施校本课程，最终达成教学目标。教师从知识的传授者转变为课程的建设者、研究者、开发者，继而发展成为专家型教师。同时，教师观念的转变、素质的提高，又推动校本课程的开发与建设向纵深发展。

（四）每位教师争当学者

新课程理念下的教师不是机械地完成任务的工作者，而是教学改革的实践者、研究者、开拓者。这就要求教师在教育教学实践中，反思自己的教学理念、教学方式，并进行提炼总结，撰写研究论文、教学设计、教学反思。善于思考是学者型教师必需的素养，在思考中发现问题，找到改进的方法。当教师的教育思想发生变化，其教学行为就会转变，学生的学习方式也会得到改善，其综合素养就会有明显的提高。

二、着眼未来，实现学生全面发展

学校教育应当把立德树人摆在首位，引领全体学生树立正确的世界观、人生观、价值观，提升学生综合素质，努力培养德智体美劳全面发展的高水平人才，着力培养具有坚定的理想信念、深厚的爱国主义情怀和良好的品德修养的国家栋梁之材。

（一）每个学生都很重要

只有心态阳光、喜爱孩子的人才能当教师，才能当好教师。每个学生都有无限可能，教师要让学生无时无刻都能看到希望。学生虽然年纪尚小，但同样有自尊心。所以，小心呵护并发展学生的自尊感是每位教师的重要工作。“在人类所有的冲动中，以‘希望成为重要人物’的欲望最为强烈。”作为教师，应当把每个学生的成长都放在心上，让每个学生都能感受到自己的重要和老师的重视。尤其是那些学习暂时落后、行为有偏差的学生，他们更需要得到老师和同学的尊重，更希望得到老师的关心和爱护，因此，教师要帮助他们树立信心，向目标努力。

（二）每个学生张扬个性

每个孩子都是独一无二的。教师要用不同的尺子来衡量学生，发现学生的闪光点。真正的教育智慧在于教师从来不给学生贴标签，而是用欣赏和发展的眼光看待学生。教师应该有双智慧的眼睛，在每个学生身上找到他们独一无二的能力，培养它，使其充分显露出来。教师要多角度衡量学生，让每个学生充分展现自己的特点，并鼓励他发扬光大，成为自己闪闪发光的标志。每个孩子的成功，必然充满个性；每个孩子的发展，也必然有各自不同的道路。教育，就是帮助每个孩子找到适合自己的方法，努力成长，抵达成功的彼岸。

（三）每个学生唤醒潜力

人的潜能和力量是无穷无尽的。教育最重要的任务就是要让每一颗心灵里的火种被点燃，使一切天赋和才能都最充分地发挥出来。教师应当为学生提供强大的精神力量，帮助学生树立自信心，不向困难低头，持之以恒地努力，最终实现梦想。兴趣是最好的老师。学生有了兴趣，做任何事情都会兴致勃勃。教师应当注重调动学生的积极性，唤醒学生的求知欲望。当学生把极高的热情投入学习活动中，就会激发创造力，碰撞出思想的火花。那么，一切学习活动都会变得有趣。聪明的教师总能看到学生的闪光点，总能激发学生的兴趣，总能找到激励学生的方法。学生受到鼓励，得到认可，唤醒潜力，从心底升腾的巨大内驱力，会帮助他们克服困难走向成功。

（四）每个学生爱上阅读

教育部等八部门联合印发《全国青少年学生读书行动实施方案》，引导激励青少年学生爱读书、读好书、善读书。学校积极推动书香校园建设，通过打造个性化阅读环境，构建阅读新场景，营造良好的阅读氛围，让学生在校园中就能实现多层次、差异化阅读，让书香浸润校园的每个角落。除了打造适合学生成长的阅读环境，学校还会通过读书节、读书分享会等阅读活动让学生们爱上阅读、享受阅读。这些综合性活动，不仅检验了学生的读书效果，还大大激发了学生的读书兴趣，让学生享受到读书的乐趣。因而学生越来越爱读书，越来越能在读书中收获快乐。

（五）每个学生全面发展

教育的终极目标是促进学生的全面发展。学校教育，应聚焦培养学生的核心素养，使学生德智体美劳全面发展，成为适应未来社会需要的高水平人才。在小学阶段，学校应以行为习惯养成教育为主，把行为习惯的养成教育落到实处。认真策划、积极开展人人参与的丰富多彩、独具特色的德育活动，让学生充分展示自我、完善自我，不断受到良好的道德品质和文明行为的浸润，全面发展，快乐成长，走好人生第一步，为美好的人生奠基。

童年是人生最重要的时期，是真正的、灿烂的、独特的、不可重现的一种生活。所以，今天的学生将成为什么样的人，起决定性作用的是他们如何度过童年，童年时期由谁携手领路，周围世界的哪些东西进入了他的头脑和心灵。学校的任务不仅仅在于传授给学生知识，更应该坚持立德树人，强化学生正向价值观的培养，努力追求适合每个学生发展的教育。尊重学生的个性，为每个学生尽可能地提供适合他们发展的空间，让他们快乐、幸福地成为最好的自己。

教育成就师生做最好的自己

有幸去滨江学校参观，教学楼前的几个大字“做最好的自己”，让我产生了共鸣。美国诗人道格拉斯·马拉赫在《做一个最好的你》中写道：“如果你不能成为山顶上的高松，那就当棵山谷里的小树吧，但要当棵溪边最好的小树。”这也是我理想中的教育境界。不论是在学校层面，还是在教师和学生层面，将“做最好的自己”设为追求的目标，那么，教育一定会一步一个脚印地朝着理想的方向前进。

观察一所学校，不仅要看它的硬件设施，更要看它的精神内核。要提高办学质量，实现学校可持续发展，办学理念是关键。学校的办学理念应紧紧围绕学生的发展、教师的发展来确定。只有教师、学生实现了自身的发展，才能促进学校的发展。因此，人人接受全面的教育，人人获得不同的发展，人人成就最好的自己，这就是教育的样子。

一、让教师成为最好的自己

（一）加强学习，更新教师的教学理念

教师意识领域的革新是理念转变的第一步。要想让每个学生成为最好的自己，学校必须首先让教师成为最好的自己。因为，没有教师的发展，就没有学生的健康成长。

学校主动争取省、市、区专家来校指导工作，通过做学术专题报告等多种形式，转变教师的教学观念，帮助教师贯彻民主教学观，树立“以人为本，育人为本”的教学理念。

（二）自我反思，深化教师的培训意识

学校通过“定方向—定课题—定内容—定任务”的“四定”方式，要求教师自主读书、研修，并定期下发学习材料，组织教师阅读、写读书笔记，以沙龙的形式进行交流；规定青年教师每学期完成“三个一”（即每学期写一篇高质量的教育教学论文、选读一本教育专著、设计一个典型的教学案例）；注重教师的教学反思，要求每位教师每周记下教学中的随感，引导教师对教学行为进行反思、总结、提升。

（三）参与活动，转教学理念为实际行动

一是通过专题教研活动，人人参与教学研讨，提高对教材的把握能力。二是通过学校的大教研活动，即常规的赛课活动，搭建教师研讨、实践平台。通过专题说课、赛课、评课，以赛促研，以赛导学，形成氛围，提高全体教师的专业素质。三是将课题研究与校本培训紧密结合，形成“学校—学科教研组—年级备课组—教师个人”的课题研究网络，将课题研究落实到日常的教学实践之中。

二、让学生成为最好的自己

（一）以生为本，着力营造书香校园

苏霍姆林斯基曾说过：“让学生变聪明的方法，不是补课，不是增加作业量，而是阅读，阅读，再阅读。”所以，营造书香校园，让学生爱上阅读，是教育成功的一条捷径。为了给同学们提供更好的阅读环

境，学校打破办学场地有限的空间限制，创新性地将学校打造成“开放式图书馆”，让同学们能够时刻与书为伴。从学校图书馆、班级图书角、校园长廊，到户外的开放阅读区，各种各样的图书干净整齐地排列着，由同学们亲自管理，很多学生下课之后会来这里读书，阅读已经成为同学们日常生活的一部分。除了打造适合学生成长的阅读环境，学校还会通过读书节、读书分享会等阅读活动让学生爱上阅读、享受阅读，引导学生在优秀的传统文化中陶冶情操。

（二）关注人人，创造全面发展机会

“心之所向，素履以往。”让每个孩子都能得到全面而有个性的发展，是教育的落脚点。为此，学校始终坚持“五育并举，全面发展”，扎实稳妥推进社团建设，变革育人方式，创新评价形式，规划成长路线，推行“最美学生”智慧评价模式，培养“全面 + 个性”发展的未来少年。科技创新、戏曲、合唱、舞蹈、国画、足球、羽毛球、篮球、小主持人……为学生参加丰富多彩的社团活动创造空间，充分激发学生各方面的潜能，让人人成为最好的自己。

（三）张张奖状，激励学生成长成才

每个孩子都有接受教育、实现成长的权利，不论学习成绩好坏，不论行为是否有偏差。如何去发现每个孩子的闪光点和点滴进步，是教育工作者应该认真思考的问题。教师不仅仅需要教导孩子课本上的知识，更需要关注、激励整个班级里的所有学生。有时候，一个小小的举动，就有可能改变孩子“自卑”的心理，激励着他去往更优秀的地方。学生的未来，不仅需要老师的鼓励，更需要父母的陪伴，奖状本身的价值并不高，但里面蕴含的鼓励却是无价的。每个学期，让每个孩子至少得到一张奖状，不断激励他们成为最好的自己。

理想中的教育，就是努力寻求适合每个学生发展的教育。尊重学生的个性，尽可能为每个学生提供适合自己发展的空间，让每个学生成为最好的自己。

优秀影视资源促进小学生正确价值观形成

为深入贯彻习近平新时代中国特色社会主义思想，追求崇高理想，弘扬民族精神，塑造道德风尚，从优秀影视资源中汲取前进的力量，我校把发展学生正确价值观融入办学治校的全过程，融入学校文化建设、课堂教学、道德实践，提升人民群众的教育满意度，推动教育的高质量发展。

一、优秀影视资源促进小学生正确价值观形成的重要性

国内外众多研究者进行正确价值观专题研究还处在起步阶段，将小学生正确价值观作为专题来进行研究的更是少见，尤其是运用中小学生喜闻乐见、兴趣盎然的优质的电影资源对小学生正确价值观发展行动进行研究的几乎没有。小学教育是教育事业的开端，学生正确价值观的形成都是在小学阶段完成的，我们所做的基于优秀影视资源的小学生正确价值观发展行动研究，为学生正确价值观形成奠定坚实的基础，拓展了正确价值观教育的广度与途径。我们力图通过大量的教育教学实践活动，结合相关的理论来探究我校利用优秀影视资源影响小学生正确价值观发展行动的实践研究的现状、存在的问题、主要原因及培养策略、实践方法等。因此研究针对性强，顺应了时代发展的潮流。

兴趣是最好的老师。有了兴趣，学生才能主动、愉快地学习，发挥主体及创新精神。优秀的影视资源正符合学生的愿望，它蕴藏着丰富的思想、艺术内涵，形象、生动、直观、感染力强，深受学生的欢迎。据相关调查数据显示，有89%的学生喜欢影视，很多学生的价值观念直接来源于长期耳濡目染的影视文化。影视文化已经渗透进儿童的日常生活，让他们能够轻松愉快地接收、理解、欣赏、体验、感悟，对小学生的价值观产生着深刻的影响。因此，优秀影视资源可以让孩子更加热爱社会、关注他人、尊重彼此，从而激发出更多的正能量，培养良好的道德素养。国务院原副总理李岚清曾说过："运用优秀影视作品加强对青少年进行素质教育肯定是有效的办法。"由此可见优秀影视资源不仅仅是学生教育的重要资源，更可以成为有效的手段。相比较于传统的教育，优秀影视资源对小学生而言是一种寓教于乐的形式，既为生活提供更有趣的享受，又给其成长提供更丰富的养料。

二、优秀影视资源促进小学生正确价值观形成的研究内容

一般来说，正确价值观指的是符合社会主义核心价值观的观念，是人们对事物作出的正确的认知、理解、判断或抉择。我们遴选出有助于培育小学生正确价值观的国内外优秀影视资源，运用于学校教育教学工作，探索出行之有效的策略与途径，把学校建设成为坚定理想信念、弘扬主流价值、涵育中华文化的师生幸福的精神家园，为党育人、为国育才，使广大青少年努力成长为担当民族复兴大任的时代新人。

基于小学生的年龄和认知特点，我们选取正确价值观中"爱国""文明""诚信""友善"四个主题词作为研究内容，促使中小学生了解历史、认识国情，逐步树立正确价值观。

中国是一个有着五千年悠久历史的文明古国，不但形成了灿烂的文化，而且拥有许多优秀的传统美德。对每一个华夏儿女来说，爱国是必修课，我们与其娓娓道来自己的爱国情怀，不如让一场爱国主义题材的电影来震撼你的心灵。中华民族素来是一个讲究品德教育、个人修养的民族，每一个中华儿女都是文明的受益者、承载者、传播者，有责任、有义务弘扬中华民族优秀传统美德。通过观看与文明相关的电影，让学生提高文明意识，重视礼仪修养，逐步养成良好的习惯，成为有气质、有风度、有教养的现代文明人。诚信是一个人立足于社会最基本的品质。有诚信的人更容易赢得别人的尊重和信赖。通过观看关于诚信的电影，让学生充分地感受到诚实守信的重要性，并培育学生“立身诚为本，处世信为基”的优秀品质。友善是构建和谐的人际关系和社会关系的基本道德规范。通过观看相关电影，理解“己所不欲，勿施于人”的道理，学会与人为善，与他人和谐相处，以实际行动践行“友善”的美德。培养学生“爱国”“文明”“诚信”和“友善”的正确价值观既是时代的需要，也是提高全民族素质的需要。

三、优秀影视资源促进小学生正确价值观形成的策略研究

策略一：环境熏陶法

环境是学校的隐性课程，对学生的影响至关重要。营造浓厚的校园电影文化，能够达到润物细无声的教育效果。第一，充分利用校园墙面、长廊、电视台、校园广播、宣传橱窗、展板、黑板报等，开辟“电影文化墙”，制作巨幅电影宣传画，播放经典电影歌曲，让学生将自己喜爱的电影人物、情景画在墙上，形成特有的一道文化景观。第二，充分利用校园网、校报、校刊、微信公众号、美篇等多种形式展示

电影资源，图文并茂地呈现电影中的经典台词，把校园逐步塑造成“电影主题乐园”，为师生构建一个视通万里、思接千载的学习平台，让师生徜徉其中，耳濡目染，修身养性，实现教育效益最大化，增强德育的实效性。

策略二：常规观片法

各年级组在学期初制定观片计划，以班级为单位，每周按课表组织学生观看一部优秀影片。我们从“学校影视资源库”中，遴选出“爱国”“文明”“诚信”“友善”方面适合的影视片，并将影视片分成“必看片”和“选看片”两部分，供全校师生开展主题教育活动参考使用，还可以辐射到每一个师生的家庭甚至更多的地方。我们采用师生共赏、亲子共赏、学生独赏等灵活多样的形式组织观看电影。观片前，有教师进行导看：介绍影片的主要内容、时代背景、国家和民族情况，提示可能出现的疑问；介绍影片的某些特点，如获奖情况；提出观看要求等。观片时，边观边导，教师根据影片内容和学生需要，或提示，或解答，或评论。

策略三：主题强化法

常规观片是学生学习的主要形式，但其影响毕竟是零碎的。相比之下，我们围绕“爱国”“文明”“诚信”“友善”主题，反复观看、研讨同一主题的几部影片，并开展一系列有内涵、有外延的主题教育活动，对学生的影响更为深远，甚至终生难忘。观影后让学生围绕某一主题写观后感、画手抄报、出黑板报，开展主题班会、国旗下讲话、专题讲座、主题征文与演讲比赛，通过开学第一课、毕业典礼等多种形式加深学生对“爱国”“文明”“诚信”“友善”的认知与认同。这样，就能使学生将正确价值观内化于心，外化于行，实现知行合一、言行一致。

策略四：学科融合法

对小学生进行正确价值观教育并不是某一学科的课程目标，而是所有学科必须践行的课程目标。各学科教师可以按“深度剖析教材—确定教育主题—撷取电影片断—观看研讨交流”的操作流程来进行。教师们创造性地围绕学科内容，汇集整理能够支持和帮助教学的相关影视资源，并对影视资源进行资源整合共享，能有效提高课堂教学效率。各学科的教师还可以在运用影视资源、丰富学科教学内容和提高教学质量等方面开展研究工作。好的影视资源能大大地丰富教师微课制作的内容，教师们从经典的影视作品中剪辑 3 至 5 分钟的片段，广泛应用于语文、英语、品德、科学等课程；或者从互联网资源中获取、分享传递正能量的微电影和微课程资源。这些宝贵的资源比起单纯的说教更加能够让学生接受，更加容易使学生受到启发，撼动灵魂，实现小学生对于正确价值观从“情感认同”到“价值认同”再到“实践认同”的飞跃。

策略五：活动实践法

我们通过 20 多年的电影课实验，摸索出了一套以生活性、实践性、有效性为原则的电影德育教育体系，形成层层有教育主题、班班有教育特色、处处有教育契机的浓厚育人氛围。

观电影：身处数字化网络时代，只有新颖的故事和创新的叙述，才能给信息爆炸时代的孩子们带来新体验，引起他们的观赏兴趣。学校要利用现有演播厅、教室等具备放映条件的场地，每周按课表组织学生因地制宜地开展观影活动。

评电影：观影之后，通过研讨交流、师生分享、小组辩论等多种形式，引导学生像阅读研习经典好书一样认真“品读”优秀影片，让基于不同角度的思考相互碰撞，实现同伴之间的相互影响。教师还可以在点拨环节将影片内容和现实需要联系起来，很好地实现影视教育与日常班级管理、学生个别辅导相融合。

写电影：孩子们进一步提炼观影心得，撰写影评、观后感，续写或改编电影故事、创编电影剧本，极大地提高了他们的观察与思维能力，对促进写作能力与各学科知识的学习起到了不可低估的作用。

唱电影：学校课题组编辑了《优秀影视歌曲伴我成长》校本教材，用于音乐课堂教学、校园课间播放。鼓励孩子们人人会唱电影歌曲，并举办优秀影视歌曲合唱比赛等系列活动。活动的开展，不仅丰富了孩子们的校园生活，而且营造了一种蓬勃向上的氛围，有助于提高思想道德素质，净化他们的心灵。

画电影：观片中，孩子们常常情不自禁地将自己的感受写下来或画出来。为此，学校每年举办一次“电影情景书画赛”，并让孩子们的优秀作品上墙、上网、上书。孩子们或个人，或小组，收集整理电影素材，完成组稿、设计绘画、编辑。这一活动，既满足了孩子们的创作欲望，激励他们勤学苦练，也增强了他们的自信心和自豪感，有利于他们的身心健康发展。

做电影：举办电影情景制作比赛，让孩子们根据自己喜欢的影片制作片中的衣服、道具等。此外，学校还组织了电影艺术节会徽、吉祥物制作比赛。活动的开展，潜移默化地引领学生不断地向外向上扩展，实现真正的成长。

拍电影、演电影：模仿是儿童的天性，拍电影、演电影则是让学生动起来的更高级的方式。在观片后，孩子们都乐于对电影中的故事情节、人物形象特点进行揣摩，在动作、表情、语气等细节处进行模仿，学校为此开展了“给电影配音”“演电影情景剧”“微电影制作大赛”系列活动。教师们也相机引领学生运用写实主义、蒙太奇和象征主义等电影艺术技巧，将课本或课外读物变成喜闻乐见的电影作品。孩子们在活动中锻炼了批判性思维、语言表达、团队协作、创造性想象等诸多能力，增强了教育活动的吸引力与实效。在各大媒体和网络平台传播的由我校出品的微电影有《少年英杰李爱莲》《传承》《最美的未来》等。这些微电影的题材都来自学校、家庭和社区，参与的编导、演员、摄制等都是本校的老师、学生及家长。这种学校、家庭和社会共同参与的教育方式潜移默化、润物无声，得到了社会的广泛好评，成为传递“人间正能量”、创新德育教育方式的又一“法宝”。

电影艺术节：这是孩子们的盛大节日。每年历时一个月，从班级到年级到学校，人人都有展示的机会；这是孩子们张扬个性、灵性，展示其特长的大舞台。孩子们自己设计会徽，设计吉祥物，设计服装道具，自编、自导、自演，热热闹闹。每年的电影艺术节会演都吸引了无数家长参与。艺术节活动的开展，让孩子们在轻松、活泼的文化氛围中接受熏陶。孩子们自编、自演的节目《地球宝贝》在省、市少儿艺术展演活动中都获得了一等奖。《最美的未来》登上中国共产党新闻网，喜获全国 DV 文化艺术节“最佳 DV 剧情奖”，并作为融合教育优秀案例荣获省一等奖。学校影视资源建设经验获得国家一等奖。

四、优秀影视资源促进小学生正确价值观形成的研究效果

通过电影润物细无声的教育，学生在生活习惯、文明礼仪、社会公德等诸多方面都得到了明显的改善和提高，“爱国”“文明”“诚信”“友善”的正确价值观得到升华。家长目睹了孩子在开设电影课前后的

变化，盛赞电影课，衷心地感谢学校、老师的教育。

（一）爱国热情得以激发

“天下兴亡，匹夫有责。”通过观看爱国主义题材的优秀影片，学生的爱国主义热情得到极大的激发，民族自尊心、自信心、自豪感油然而生。李承烨同学在《厉害了我的国》影评中写道：“国产大飞机首飞的激动、复兴号列车飞速的疾驰、港珠澳大桥所创造的奇迹……让我看到了中国的强大，我为自己是中国人而感到自豪！我要更加努力学习，不断创新，为更多的中国桥、中国路、中国车、中国港、中国网……贡献出自己的力量！”石岩松同学在《战狼2》影评中说：“中华人民共和国公民：当你在海外遭遇危险，不要放弃！请记住，在你身后，有一个强大的祖国！这段话让我心潮澎湃，我们不是生活在一个和平的时代，而是生活在一个和平的国家。我们有一个强大的祖国，一个可以依靠的祖国！我因祖国而骄傲，愿以后的中国以我为骄傲。”学生深切体会到“我和我的祖国，一刻也不能分割”的爱国主义情愫，树立了报效祖国、服务人民的远大志向。

（二）文明精神得以传承

文明是人类历史积累下来的有利于认识和适应客观世界、符合人类精神追求、能被绝大多数人认可和接受的人文精神、发明创造的总和。广泛开展文明礼仪教育，引导学生学会把律己、敬人、宽容、平等、真诚体现在自己的一言一行之中，有礼、有节、有度地与人交往，是时代的需要，是提高全民族素质的需要。同学们观看《孔子》后，写下观后感：“通过这部影片，我感受到了文明礼仪的重要性。孔子宣导的文化就是礼仪，他的言行和思想受后人所认同推崇，是中华文明的根源。

己所不欲，勿施于人。应常记于心，用于行动上。”

（三）诚信品格得以培养

诚信一向是中国人引以为傲的美德，“人无信而不立”、童叟无欺的故事熏陶了我们几千年。然而近年来，信用违规等事件却不绝于耳。通过观看与诚信相关的电影，学生充分地认识到了诚实守信的重要性。黄雨轩同学在主题班会上分享了观看《信义兄弟》后的感受：“‘立身诚为本，处世信为基’，《信义兄弟》生动再现了孙水林、孙东林兄弟几十年如一日诚信守义的大爱情怀，特别是反映了兄弟二人践约守诺，接力为农民工送薪的感人事迹。他们的故事告诉我们，有诚信的人才是中华民族真正的脊梁。”学生深深地为孙水林、孙东林“一诺千金”的行为所打动，具有很强的教育意义，令人深思反省。

（四）友善品性得以熏陶

友善，是处理人际关系的基本准则、公民基本道德规范。通过观看相关电影，学生与人为善、为他人着想、与他人和谐相处的道德品质得到进一步熏陶。张紫凌同学在《奇迹男孩》的观后感中这样写道：“相信每一个走进电影院，看过《奇迹男孩》的孩子都会被深深打动。这是一部很好看的影片，也是一本不可多得的爱与宽容的教科书。它没有五花八门的特效，很真实、很感人、很温馨。我欣赏奥吉的勇气和乐观，也懂得了友善是需要学习的。唯有友善，我们的生活才能过得更加精彩。”

利用优秀电影资源，培养小学生正确价值观的形成，这是一个既老又新的命题，同时也是一项全面的系统工程。我们选取正确价值观中“爱国”“文明”“诚信”“友善”四个主题词作为当前研究的内容，既想在这个领域沉得下去，研究有深度，也想举一反三，采撷更多的核心价值观内容作为研究对象，延伸研究的广度，探讨更多行之有效的研究模式和方法，集中多方面的力量，持之以恒，形成合力。

在劳动中“育”见最美的童年

习近平总书记在全国教育大会上强调：“要在学生中弘扬劳动精神，教育引导学生崇尚劳动、尊重劳动，懂得劳动最光荣、劳动最崇高、劳动最伟大、劳动最美丽的道理，长大后能够辛勤劳动、诚实劳动、创造性劳动。”在近几年的两会中，学生的劳动教育被作为教育改革的核心和焦点进行讨论。学校紧紧对标“五育”融合，精心打造，全面落实，多元评价，达到以劳树德、以劳启智、以劳健体、以劳益美的综合教育效果。

一、精心打造，六园系列，体验耕梦之乐

劳动教育的元素非常丰富，可以畅联教育多个领域、多个学科，与“五育”融合推进高度契合。经过2022年一年的反复酝酿，我们把劳动教育的课堂搬进大自然，在校区内开辟了一个生机勃勃、绿意盎然的特色劳动综合实践基地——耕梦园，让学生与大自然建立连接，在劳动实践中传承劳动文化，培育劳动品格，体会劳动的快乐。耕梦园分为菜园、花园、果园、药材园、创意手工、体验厨房六个区域，让每个同学都能从这里耕耘梦想，收获未来。

在耕梦园里，学校分别为50个班级设立了责任区域。每个班级根

据实际情况，科学规划，制定班级种植或养护方案，并征集家长志愿者共同管理责任田。充分运用劳动课、班会课、综合实践课及课后服务时间，有计划地安排翻土、种植、浇水以及采摘等实践活动。耕梦园从无到有，学生们也伴随着这个过程，一步步去经历，一步步去体验，田园即课堂，种地即学习，动手即收获，劳动即日常。

二、创新实践，多种途径，坚持立德树人

劳动教育不应孤立开展，而应与德智体美同步，五育融合，立德树人，探索构建“劳动 +”特色课程。

“劳动 + 德育”：学校以“生活大课堂”为依托，深入挖掘各学科劳动教育元素，与植树节、劳动节、母亲节、护士节、“中华优秀传统文化进校园”等密切结合。此外还根据各年级学生年龄特点，家校携手创设劳动教育实践机会，举行“必会劳动技能比赛”：一年级整理书包；二年级正确系红领巾、剪指甲；三年级叠衣服、洗袜子；四年级系鞋带、整理自己的房间；五六年级展示简单的厨房技能。

“劳动 + 学科”：通过学科整合，寻找学科与劳动教育的契合点，开展跨学科综合实践活动。在语文、道德与法治等学科中，渗透热爱劳动的观念，开展综合性学习活动，鼓励学生善于发现、大胆表达，将自己的劳动体验融入语言文字当中，表达自己最真实的感受；在数学、科学、信息技术、体育与健康等学科中，培养学生劳动的科学态度、效率意识、创新精神，让学生数一数、量一量、估一估、算一算，在劳动实践中发现问题、解决问题；在综合实践活动课程中，带领学生进行创意劳动，激发学生的创作热情，亲身体验中华传统文化的魅力，培养他们的探究能力和创新精神。

“以劳动培育理想，以劳动发展本领，以劳动历练担当”，已经成为全校学生长在心坎上、刻在行动里的“成长宣言”。

三、注重过程，多元评价，探索劳育之美

劳动教育承载着培养学生劳动素养的独特价值，肩负着树德、增智、健体、育美的重任，因此，我们把劳动教育评价放在“立德树人”“五育并举”的大系统中进行设计。

学校不断完善劳动教育评价制度，实现劳动可记录、可追溯、可评价，形成了“关注过程、追求多元”的评价模式，使评价更具操作性、指导性。采用积分方式，与“红领巾争章”活动相结合，规定学生每完成一项活动就可以获得一项积分，通过积分换取“红领巾争章”活动中的“劳动星光章”。“劳动星光章”积累到一定数量后，学生就可以在期末参评“最美劳动责任区”“劳动小明星”。

“劳动是一切幸福的源泉。”劳动是生命的底色。劳动的路，就是教育的路。劳动教育的实践让我们体会到，劳动即成长，教育即美好。师生眼里有活干，手里有事做，心里有他人。整个学校平添了一种“劳动气质”，朴实中有大气，坚持中有智慧，这将成为教育的密码、成长的钥匙。

以“爱”为桥诠释班主任工作真谛

热爱学生是教师的天职和使命，是教师的基本美德，是进行教育工作的基础和前提。没有真诚的爱就没有成功的教育。班主任热爱学生有利于班级形成尊师爱生的风气，将要求转化为学生的行为，激励学生为争取这种爱而好学上进，从而达到形成优良班风、培养学生优良品德的目的。

一、尊重的爱，真诚对待学生

苏霍姆林斯基说过：“只有教师关心人的尊严感，才能使学生通过学习而受到教育。”热爱学生就要尊重学生的人格和自尊心，仅凭空洞的说理或简单粗暴的训斥不能把学生培养成为全面发展的新一代。我们应当把一颗炽热的爱心奉献给学生。心理学研究证明，学生的知识掌握、智能发展与他们的情感体验是密切联系的。教师只有真诚地爱学生才能情通理达，使学生“亲其师，信其道”，自觉主动地接受教育，达到预期的效果。

班主任是学生的直接教育者，对学生的学习、生活的每一处细微的关心，都能使学生感受到老师对他们的信任和热爱，使他们受到鼓舞，积极向上。苏霍姆林斯基提出：“要十分关切地对待青少年内在的精神世界，不可粗暴地把自己的意见强加于他们。”对待有缺点或犯错误的学生，教师应该满腔热情地帮助他们改正，而不是讥讽、挖苦、体罚，甚至侮辱人格。后进生其实是沾了污垢的玉石，班主任要寻找他们身上的积极因素，用爱的甘泉洗涤他们精神上的污垢，激发他们的上进心。

二、平等的爱，温暖学生心灵

每个学生都希望教师能够公平公正，因为，教师只有坚持“公正”的原则，才能做到“以理服人”。无论是批评还是表扬，教师都必须坚持实事求是的科学态度，一视同仁，真正体现出“手心手背都是肉”的母亲情怀。唯有全面、平等地爱学生，才能建立民主、平等的师生关系与和谐的班集体，促进学生身心的健康发展。成绩优秀的学生犯了错误，教师可以先私下谈心、指正，再公开肯定成绩，引导其作自我检查，产生榜样效应。而顽皮的学生犯了错误，教师可以以情动情，借助班集体的力量，通过情感调节，增强学生克服缺点的意志，用足够的耐心等待其进步。

陶行知先生提出“爱满天下”的教育思想，无论是优等生还是差生，教师都应该给予真诚的爱。师爱施于优生应是锦上添花，更上一层楼；师爱施于差生应是雪中送炭，暖人心房。对每一位学生，教师都应该做到“以爱动其心，以严导其行”，严中有理，理中有情，热情教育，耐心等待，以这种无形的力量影响学生，在班级内形成和谐、良好的风气。

三、理智的爱，保证教育效果

现代社会，心理问题已成为影响儿童健康的普遍性问题，如何培养学生良好的品质、坚强的意志是教育工作者面临的新课题。在学校这个舞台上，教师既是知识的传播者，又是年轻一代美好心灵的塑造者，而班主任更是学生身心健康发展的保健员。这就决定了师爱不是一般的爱，而是对新一代的关怀和爱护，是感情和理智的体现。

在班集体的组织、培养中，面对学生的成长，我们会有喜悦和愉快，也会有焦虑和忧愁。但为了收到良好的教育效果，我们不能简单地将这些情感裸露于外，而是根据一定的目的、具体的环境、学生的情况决定情感的表现方式和分寸。平日里，对待后进生，哪怕是取得极小的进步，教师都应该加以表扬鼓励，以热情、关爱融化他们的心灵；而面对性格外向且容易满足的同学取得进步时，则可以采用含而不露的态度对待他们，以肯定加希望的方式，帮助其养成正确对待成功的态度。教师必须自觉把握自己的感情，融严父、慈母于一体，灵活地采用不同的方法、态度进行引导教育，以达到培养学生良好心理素质的目的。

尊师爱生，教学相长，坚持把爱倾注于教书育人的实践中，用爱作为推动学生前进的力量，创造良好的班级德育环境，教学效果非常明显。总之，严格要求是爱，尊重理解是爱，批评教育也饱含着爱，目的专一而形式多样。班主任只有将爱洒向每一位学生的心田，渗透于班级工作的每一个环节，贯穿于教书育人的全过程，才能启迪学生的聪明才智，激励他们进取，使他们茁壮成长。

人人都当班干部

多年来，班干部大多采用学生选举或教师指定等方式产生。班干部虽然比较辛苦，但他们听到的赞扬多，得到的鼓励多，拥有的锻炼机会也多，因此，综合素质提高得快，许多学生都有当班干部的愿望。但是，就一个班级来说，职位有限，当班干部的机会很少。实行班队干部轮换制则能给每一个学生提供平等锻炼的机会和展示才能的舞台。

班队干部轮换制在实施过程中，分为两个阶段：

一、基础阶段：明确责任

首先，确定岗位，拟定岗位职责；其次，组织学生学习岗位职责，让学生明确不同岗位的责任和义务；最后，介绍实施步骤，做好“就职演说”“中期评价”“离职演说”的辅导，帮助学生为任职上岗做好充分的思想准备和心理准备。

二、实施阶段：发挥才干

（一）确定对象

以自愿报名的方式产生若干个小队干部（视岗位数额而定），由此产生第一批小队长（首轮中队干部仍由原干部留任）。两周后，这些小队干部自然升任中队干部，原中队干部离职，再以同样的方法产生新一轮小队干部。这样，一段时间后，就能覆盖全班每一个学生，让每一个学生都得到锻炼。

（二）自主分工

新一轮干部确定后，采用个人自主报名或集体协商的方法进行分工，确定岗位。除了班长、学习委员、纪律委员等“传统岗位”外，还新增了雨伞管理员、桌椅管理员、班级美化者、光明使者等比较有意思的职位，其实就是把每个大的职位细分到每一个小的职位上，争取让每一个学生都能参与到班级管理中。班主任在班级群里发布“班干部竞选岗位表”，为全班 48 个孩子设置了近 50 个岗位。除了值日班长是每日轮换，其余的岗位基本都是一学期轮换一次，全员参与，因人而异，符合当前全面发展的教育理念。

（三）就职演说

新任职的每一位干部都要进行“就职演说”，然后授予干部标志。“就职演说”可以安排在任职前或任职第一天，要求认真思考，实话实说。演说稿的内容可以是关于任职的想法、计划、打算；可以是对履行职责过程中可能遇到的困难的估计，以及应对的策略、方法；可以是诚意聘请有关顾问或干部并加以说明；可以是对前任干部工作中值得借鉴之处的表述，或在此基础上提出新的设想。

（四）中期评价

干部任职一周后进行一次任职情况中期评价，可采取自评和他评相结合的方法。自评即对履行职责情况的自我分析、评价，他评即队员对干部的肯定或提出建议等建设性评价。教师还可以结合学生特质，鼓励其发挥个性所长，真正胜任岗位，当一个负责的好“干部”。如果期间发现同学的责任心下降，或者对于目前所处的岗位兴趣不太大的话，可能会调换职位来保持同学们的积极性。

（五）离职演说

应届干部的离职应与下一届干部的任职相衔接，离职演说的内容包括：任职期间得到的锻炼或提高；任职期间感受最深的是什么，对同学们的支持表示感谢；离职时感到遗憾的是什么，可以为下一任干部留下哪些经验或教训；离职后将如何理解、支持其他干部的工作；如果以后再次任职会有哪些新的设想，如何使工作做得更出色等。

班队干部轮换制实施以来，受到了师生的普遍欢迎。通过一个学期的试点，已取得了初步成效。班主任反映，班队干部轮换制充分调动了每一个学生关心班集体、管理班集体的积极性，班级的纪律、卫生、文明礼貌等方面有了显著进步，学生的管理能力、组织能力得到了较大提高。当问起同学们当干部的体会时，他们深有感触地说，“原来我也能当干部，当好干部”“当干部锻炼了我的胆量”“当干部使我看到了自己的不足”“要想当好干部，做好工作，还要取得同学们的支持”……

教育从不只是知识的传授，更是对一个人一生的塑造与滋养。事实表明：班队干部轮换制对学生的成长十分有益，它使学生在担任班干部的过程中，学会了认识自我、教育自我，学会了合作，学会了做人。当一个孩子在担任“光明使者”的过程中有了责任意识、找到了自我价值，其成年后很可能会将这份责任感投入工作中，有更多担当和作为。人人都是班干部，意味着人人都将担任班级管理者和服务者的角色。这对于学生来说，不仅是一种能力上的锻炼，也有利于其提升参与班级建设的积极性，增强责任感和自信心。

班主任素质的自我培养

班主任是班集体的组织者、教育者和指导者，是学校领导实施教育、教学工作计划的得力助手。班主任在学生全面健康成长的过程中，起着导师的作用，并负有协调本班各科教育工作的责任，是沟通学校与家庭、社会教育的桥梁。随着进入小学生入学高峰，大批新教师开始步入教坛，同时也面临着新老骨干教师全面交替的局面。对青年班主任教师进行全面培训，提高其思想、文化、业务素质显得尤为重要。

一、思想素质

（一）学习基础理论，提高认识水平

学习时事政治，特别是教育思想、教育政策与法规，十分必要。许多教育思想和理论对我们的现实工作有着重要的指导作用。一些时政热点、社会新闻能够为我们开展思想教育提供丰富的素材。

理论学习要用心思考，深刻领会其内涵，从而明确新时期对教师、对班主任的新要求。要不断在学习中审视自身的不足，更新自己的教育观念。只有不断提高自己的思想理论素养，才能在现实工作中正确把握时代的脉搏。

（二）增强责任心，培养良好的师德

教师工作是一项事业，不是一门职业。职业计报酬，讲代价；事业只讲意义，讲奉献。社会对教师爱心、责任心的要求之高，恐怕是任何其他工作都不能相比的。

教育的成功与否对家庭、社会和现代化建设有十分巨大的影响，我们应该认真思考班主任肩上的担子与重任。时代要求班主任不断地“修身”“养性”，向先进教师学习，培养良好的师德，逐渐形成一种以身作则、为人师表、任劳任怨、踏实勤勉的工作作风。

二、业务素质

（一）提高教学水平

教师应具备扎实的专业基础知识，练就扎实的教学基本功和敏锐的教育应变能力。如今，知识在不断更新，终生学习应成为教师做好本职工作的长期目标。

班主任要在学生中树立崇高的威信，很重要的一个方面就是课要上好。这就要求教师在教学上切实甩掉“应试教育”的老套路，大胆探索素质教育的新思路、新方法，在探索中取他人之长、创自身之新，逐渐形成有个性色彩的教育风格。

（二）提高教育水平

班主任要不断学习，通过各种途径吸取新鲜养料，通过各种办法进行实践锻炼。班主任凡事要虚心求教，以教学基本功为起点，干什么，学什么，缺什么，补什么。如灵活的交往协调能力、深刻敏锐的观察分析能力、沉着冷静的自我控制能力、生动艺术的语言表达能力、勤于反

思的教育科研能力、积极有效的自我调适能力等。

此外，班主任还要善于积累。实践机会难得，若是将实践的经验、成果丢失，未免可惜。所有的方法、体会乃至教案对于教育教学，都是极有帮助的。这些积累是个人的宝贵财富，可以用来指导今后的工作。因而，教师要养成归纳、整理的习惯，把实践中一切有价值的东西积累起来。

三、综合素质

（一）培养创新精神

中华人民共和国国家教育委员会对跨世纪人才的培养提出了新的要求：要培养具有创造能力、创新意识的人才。这也意味着对班主任提出了更高的要求，要求班主任具备相当程度的综合素质，提高管理效果，树立创新意识，培养学生的创新精神，形成创新型的集体氛围，使教育由“时间型”向“效益型”转变。在教育中，要多管齐下，形成校内、校外，课内、课外的创新教育大体系，帮助学生树立正确的世界观、人生观、价值观。当然，创新意识含有竞争意识、质量意识、全面发展意识、健康意识等，在培养过程中，要多元化、多层次来衡量创新，多激励性评价，以此塑造创新型的集体氛围。师生“双边共振”，才能催化促成创新意识及精神的产生。

（二）提高人际关系的处理能力

班主任是联系学校与家庭的纽带，争取和依靠家长配合学校教育是班主任工作的一个重要方面。班主任要通过家访、家长会、家校联系卡等形式，加强与家长的沟通，及时了解学生在家表现情况，以便有的放矢地实施教育活动，防止学校教育与家庭教育脱节，消除个别家长认为学生教育是学校单方面的事的错误观点。同时，班主任要主动与任课教师取得联系，互通情况，研究、制定措施，分工合作，指导学生开展各项有益的活动。班主任还应及时地了解学生对各科教学的意见与建议，反馈信息，以便做好本班的教与学。班主任应支持班干部的工作，维护他们的威信，充分肯定他们的成绩，但不掩饰他们的缺点。对工作中出现的问题，班主任要主动承担责任，并帮助他们分析问题产生的原因，研究改进方法，使他们通过工作得以锻炼和提高。

时代在发展，学生也在发展。为了提高教育效果，培养下一代，作为跨世纪的班主任，要做学生人生路上的导师、榜样和益友。对于已有的知识，不可有稍许的满足，要有不断更新、不断充氧的思想准备。

做打开孩子心门的温暖使者

喜欢阅读，喜欢读李镇西老师的书。李镇西被喻为“中国苏霍姆林斯基式的教师”，他用多篇随笔和故事告诉我们：教师的职业生活是平淡朴实的，也是生动鲜活的。阅读“万同”的故事、“杨嵩”的故事……每一个故事都吸引着我，引我深思，仿佛就发生在我的身边，如同诉说着自己的故事。

万同的故事，我看了又看，佩服李镇西老师的智慧与耐心。为班级做好事，让他当清洁委员，让他自己选择帮助别人，让全体学生写作文表扬他，最后让他在国旗下演讲……这些事情撞击着万同的灵魂，唤醒着万同的尊严，让迷途的羔羊回家！

读着这些故事，我很自然地想起了十多年前班上一个叫夏小力的孩子。那一年，夏小力读四年级。一到班上，我就注意到了他，他蜷缩着坐在靠墙的位子上。我做自我介绍时，他抬头瞅了我一眼，马上又低下了头。苍白的小脸，灰蒙蒙的头发，一副营养不良的样子。

夏小力在班上基本不说话，也没什么同学跟他说话。平时看到我，也是远远地绕过去。找班干部一打听才知道，他是上学期从乡下转来我们班的。父母离异，父亲在乡下，母亲有间歇性精神病，以前是厂里的织布工人。离婚后，夏小力母亲的病更厉害了，不能去上班，住在舅舅家里。了解到夏小力的这些情况后，我立刻明白，为什么他总是这么沉默寡言、这么孤僻。一个破碎的家，一个不能自理的妈妈，他小小年纪怎么能承受得了呢？我在心里对自己说，一定要帮帮他，帮他找回自信，帮他寻回久违的笑！

第一次交来的日记本上，夏小力简单地描绘了他为妈妈做晚饭的内容。虽然只是简短的几行字，我却看得心酸，不禁掉下了眼泪。十岁的小孩子，竟然要挑起家里的家务担子，而其他同学还都是些衣来伸手、饭来张口的“小皇帝”呢！第二天的语文课上，我朗读了夏小力的日记，并大大地表扬了他，希望同学们都能像他一样体贴、懂事，还承诺在下一次班干部轮换时，新加一个“生活委员”，就选能干、懂事、能照顾妈妈的夏小力担任。同学们热烈地鼓掌，我看到夏小力抬起了他的头，眼睛里亮闪闪的。我知道，他的内心一定是高兴的，也一定对我有了些好感。

一天放学后，轮到夏小力那一组打扫教室。我站在窗户外看了很久，只见他一直低着头在认真地扫地、摆桌子。他抬头看到我时，微微一笑，喊了一声：“周老师。”我走过去，摸着他的头说：“夏小力，你真是个能干的孩子，老师很喜欢你。”听到我的话，他害羞地笑了，仍旧低着头。但那个星期的日记，他写了这件事，写了老师对他的表扬，写了他自己的高兴和激动，因为他没有想到老师会注意不起眼的自己，也没有想到老师居然会表扬他扫地扫得好。

语文课上，我又读了他的这篇日记，肯定了夏小力的日记能抓住生活中真实发生的事情来写，写出了真情实感。这一次，夏小力居然很端正地坐在座位上，与我最初看到的那个夏小力已经截然不同了。我的内心一阵狂喜，孩子有变化了，他一天天自信了。我对自己说，一定要更加努力，带领他走出家庭的阴霾，过上快乐、自信的生活。

课堂上，我对夏小力更多了一份关注，总会在他双眼发光的时候，喊他发言。我知道，这个时候，他在心里已经肯定了自己的想法，只是不敢举手。我还经常会在下课以后，有意识地找他聊天，没有老师高高在上的架子，有的只是朋友式的交谈。有了我这个“保护伞”，同学们没人再敢取笑他、欺负他。他喜欢上了我这个老师，小脸上的笑多了，和同学的交往也多了。

我想，他现在一定对我多了一份信任，于是我决定进行一次家访。那天放学以后，我在纸条上抄下了夏小力寄居在舅舅家的地址，对着这个地址找到了三医院的职工宿舍楼。我轻轻地敲着门，一会儿，门开了。“周老师!”开门的正是夏小力，从他脸上的表情可以看出他是多么惊讶。他的妈妈、舅舅、舅妈都在家。我走上前，握着他妈妈的手说：“杨妈妈，夏小力是个乖孩子，他真的很懂事，很能干呢!”他妈妈似乎听懂了，咧开嘴笑了。我看到夏小力眼里也闪着泪花。

夏小力的舅舅告诉我：“夏小力这个学期变化特别大。以前同学嫌弃他是从乡下转来的，妈妈又有精神病，所以总是讥笑他，更别谈和他交往了。他每天回来都是沉默寡言，从不愿谈学校的事。这个学期，感觉像变了个人似的，心情好了很多，有一次在扫地时还哼着歌。妈妈清醒的时候，他告诉妈妈，这个学期，换了个新老师，很喜欢他，经常表扬他。现在一回到家，他会先把作业做了，就是想得到老师的夸奖。最可喜的是，家里居然来过两个同学了。这可是两年来第一次看到他有伙伴……”听着这些话，我真的很高兴，夏小力感受到了我传递的关爱，我的心血没有白费，这个孩子一定可以像其他孩子一样健康、茁壮地成长。

在轮换班干部时，我兑现了自己的承诺，在班上增设了“生活委员”，让夏小力在小集体中发挥自己的长项。为班上打来饮用水，检查同学的“午睡条”，及时关上教室里的电灯、门窗……很多时候，他还能主动对需要帮助的同学伸出援助之手。渐渐地，他脱胎换骨了，在班上像个小大人，同学们越来越喜欢他，他的朋友也越来越多。

小学毕业典礼上，夏小力动情地说：“感谢周老师！没有您，就没有今天自信的我。谢谢您对我说的每一句鼓励的话，我永远不会忘记您对我说的：‘夏小力，加油啊！每个人的明天都是靠自己争取来的。’谢谢您，周老师!”

我感叹爱的魔力。德国哲学家雅斯贝尔斯说：“教育意味着一棵树摇动另一棵树，一朵云推动另一朵云，一个灵魂唤醒另一个灵魂。”一个鼓励的眼神，一次倾心的谈话，都可能对孩子产生意想不到的影响，可能会改变他的人生。因为爱，能使孩子那颗敏感脆弱的心不再迷茫；因为爱，能使孩子踌躇不前的脚步变得坚定有力。李镇西在《做最好的老师》一书中提出，让每一个孩子都不要失去做一个好人的信心。那么，我愿做温暖的使者，打开一扇扇失意的门，把它装点得五彩斑斓。

家校携手为幸福人生奠基

小学六年，奠基孩子一生。教师在每天平凡往复的工作中带给学生的不仅仅是知识的传递，还有对生命的拥抱、对人性的热爱、对梦想的追求。老师、家长、学生三位一体形成合力，这将是一种神奇而巨大的力量，托起学生的未来。

一、什么是小学教育

什么是教育？中国著名学者叶澜有一句话：教天地人事，育生命自觉。这句话道出了教育的真谛。教育最重要的使命就是培养学生自主地思考问题，创造性地解决问题。小学阶段，无论是从生命规律还是从教育规律来说，都是人生最初也是最珍贵的阶段，是基础阶段。万丈高楼平地起，小学打下的基础决定人的一辈子。其中有三样东西最珍贵：教养、习惯、兴趣。父母是孩子的第一任老师，教养是父母的主要任务。每个孩子都是看着父母的背影长大的，最好的教养就是言传身教。当然，教养也是教师的任务，因此家长和教师必须达成一致的教育行为。

好习惯受益终生。小学阶段是培养习惯的黄金时期，在这期间培养一个好习惯，能够伴随孩子一生。学习习惯、行为习惯、生活习惯，缺一不可。好习惯，也是表扬出来的。我们要真心表扬，用不同的方式，让孩子们感觉到我们是发自内心的喜欢和认可他们。只要坚持表扬，好习惯就一定会培养出来。

孩子的兴趣，首先在于发现。有研究表明，大部分人职业上的成功，都与他小学时候的兴趣有关。所以，尽早发现孩子的兴趣，甚至可以决定他（她）的一生。我一直主张，每个孩子要有两门兴趣：一是体育兴趣，运动既能培养意志、强壮身体，又能开发智力；二是艺术兴趣，培养孩子们的注意力、想象力、逻辑思维能力，完善性格，陶冶性情。

二、如何做家长

（一）对孩子：陪伴与发现

陪伴，关键在于坚持。有一位爸爸是这样陪孩子做作业的：孩子做作业，爸爸在一旁看孩子的课本。孩子做完作业后，爸爸问孩子："这个问题爸爸还不太懂，你学过了，能不能跟爸爸讲一下？"当孩子讲得有道理时，爸爸脸上露出惊讶的表情："哇！你真厉害呀，爸爸都弄不懂的东西，你竟然可以给我讲解。"久而久之，孩子为了给爸爸讲解，在学校听课特别认真。信息技术日益发达，陪伴可以穿越时空，即使远在异国他乡，视频通话也可以让父母与孩子天涯咫尺。陪伴，贵在坚持，只要坚持，定能陪出教养，陪出情感。

教育就是发现。小学阶段，家长要善于发现孩子的个性特点、兴趣爱好。如果家长还没有发现孩子的特点和长处，那么说明家长的发现意识不够强，从现在开始发现，为时未晚。

（二）对老师：配合与鼓励

教师的工作量巨大，需要家长的大力支持与配合。主要表现在三个方面：一是配合与孩子进行有效沟通，达到了解、引导、熏陶的目的；二是配合督导孩子的学习，要讲究方法，不能让孩子产生厌烦情绪，更不能产生逆反心理；三是配合班级的日常管理，积极响应教师布置的任务。

我们都知道，孩子需要鼓励，其实，老师同样需要鼓励。鼓励老师的家长，通常会给老师留下深刻的印象，每每见到，都会觉得特别亲切。在心理学上，这是一种认同效应。家长的鼓励常常会给老师带来信心和动力，一句简单的表扬或认可，有时会产生意想不到的效果，让老师更努力、更优秀。

（三）对学校：信任与支持

家长选择一所学校，就是对这所学校的信任。一所学校要得到家长的信任，绝不是作秀作出来的，而是在长期的教育教学实践中验证出来的。能够得到社会各界与广大家长的认可，这才是信任。

小朋友们刚入小学，家长该如何做？首先，进校门，要鼓励，帮助孩子树立自信。问问孩子："你自己走进学校，怕不怕呀？""认真过好在学校的每一天，有没有信心？"其次，引导孩子在学校主动完成"三个一"任务：主动向老师问一声好；主动交一个朋友；主动向老师问一个问题。最后，放学接到孩子后，第一句话就要说："给我讲讲今天快乐的事情。"引导孩子学会分享，帮助孩子发现快乐，培养孩子拥有快乐的本领。

对于家长而言，老师是这个世界上与孩子没有血缘关系，却会因为孩子进步而高兴，退步而着急，满怀期待，助孩子成才，无怨无悔的"外人"。善待孩子的老师，就是善待孩子的成长；尊重孩子的老师，就是尊重孩子的未来。家长、老师和学校是教育战线上的同盟军，只有劲儿往一处使，才能促进孩子的健康成长。

家校协同全面促进学生发展

学校以“学生快乐、家长满意、教师幸福、社会赞誉”为办学宗旨，以“遇见最美的童年，成为最好的自己”为办学理念，以“我的未来我创造”为校训，逐步形成了以电影教学、体育艺术“2+1”、科技创新等为突破口的教育特色。学校教育面向孩子的未来，让孩子们成为最好的自己，成为完整而幸福的人。

2019年是奋斗的一年，也是收获的一年。其中，学校荣获5项国家级荣誉：获得“全国青少年人工智能教育示范基地”“全国青少年人工智能教育特色学校”称号，主题教育微视频《最美的未来》在中国共产党新闻网展播，《电影趣多多 我们的才艺多》和电影课程参加全国中小学校本德育课程和教育案例评选展播；荣获8项省级荣誉：获得“湖南省文明标兵校园”“湖南省两型示范学校”“湖南省生态文明示范学校”“湖南省法制示范学校”“湖南省科普示范学校”称号，《十八年铸就电影教学大视野》获得湖南省德育案例一等奖，《让好电影浸润孩子的心灵》在《湖南教育》上刊发，学校“小梨园”社团获省级“最佳节目奖”；荣获7项市级荣誉，12项区级荣誉。在市运动会、区运动会上，学校均获得团体总分第一名的好成绩。至此，学校已经连续16年荣获市、区田径运动会团体总分第一名。成绩的取得，是学校全体师生辛勤付出与共同努力的结果，更离不开家长的鼎力支持。

一切为了孩子，为了孩子的一切。最关键的是孩子们的安全问题。校园里，教师利用晨会、班队活动、大课间等时间对学生进行安全教育，组织消防疏散演练、防爆演练等，让孩子们学习逃生的本领。校园外，家长义工们每天轮流和行政、保安一起维持校门口秩序。做好孩子的安全教育，培养孩子的独立自主能力，家校携手，才能助孩子成才。

对于家长，要分享两个词：榜样与信任。

第一个词：榜样。父母是孩子一生的榜样。好的父母，会用自己的言传身教托起孩子的人生。多数孩子是父母的复制版，父母的言行举止是孩子的模仿对象。父母积极上进，孩子就热爱学习；父母宽厚善良，孩子就乐于助人；父母自律自强，孩子就意志坚定。同时，家长的不良行为，也会影响孩子。不管是在家里还是在学校，家长都要做好示范，再好的老师，也比不过家长的躬亲示范。

第二个词：信任。老师和家长的相遇，是一场爱与信任的邂逅。老师和家长，就像两支船桨，只有双方朝着同一个方向努力，才能让孩子朝着期望的方向驶去，顺利到达胜利的彼岸。孩子的成长，离不开学校的支持，更离不开家庭的支持。在教育路上，老师和家长应该成为最好的搭档。老师懂得寻求家长的帮助，家长足够信任老师。教书的是老师，孩子从老师身上学到知识，学到纪律，学到规则。育人的是家长，孩子从父母身上得到幸福，得到安全，得到品格。只有老师和家长各司其职，互相支持，孩子才能学得好、走得远。

对于孩子，要培养他们三个观念：

第一个是集体观念。让孩子懂得“我”是集体的一员，互相帮助。人人热爱学校、热爱班级，有集体荣誉感。

第二个是时间观念。从小教育孩子要珍惜时间，无论是做事还是读书都要珍惜时间。

第三个是劳动观念。自己的事情自己做，训练孩子独立自主。

小学阶段最重要的是养成教育，培养良好的习惯，将终身受益。要培养孩子三种习惯：

一是学习习惯。首先要培养孩子良好的学习兴趣和自主学习习惯。简单来说就是坐得住、记得牢、写得出、说得好、能动脑、爱看书。

二是行为习惯。培养孩子良好的生活习惯、文明礼貌习惯、道德习惯、思维习惯等。

三是运动习惯。运动让孩子拥有健康的身体，从小养成运动习惯，孩子们将终身受益。

家长和学校要身体力行，与孩子共同成长。家校同心共济，担负起教育孩子的重任，才能让孩子度过童年最美的时光。

家校携手成就未来

一、每个人都树立“我们的学校”的观念

苏霍姆林斯基提出，两个教育者——学校和家庭，不仅要一致行动，要向孩子提出同样的要求，而且要志同道合，抱着一致的信念，始终从同一原则出发，无论在教育的目的上、过程上还是手段上，都不要发生分歧。每位家长都应该是家校共育的合伙人。因为大家的目标完全相同，都是为了孩子的健康成长。家长与学校配合得越好，教育就越会成功。

教师日出而行，日落而归，工作强度非常大，工作压力也非常大。所以，所有的家长都要给予教师们更多的支持与理解，信任学校，信任教师，信任孩子。有什么问题、有什么建议、有什么意见，可以直接与教师交流、与学校交流，及时有效地解决问题。这样，我们就有更多的时间和精力投入教育孩子的工作中。学校是大家的学校，每位教师、每位家长、每位学生都应该为学校增光添彩。作为全国文明校园的师生，大家的言行举止要与这个称号相配。同样，家长们的言行举止也要与之相配，给孩子们做好榜样。

二、每一个人都牢记为了“我们的孩子”

孩子是家长、教师、学校共同的孩子。学校的教育是为了每个孩子的成长。一切为了孩子，为了孩子的一切！

每位家长都要关注孩子的思想教育，关注孩子学习的过程，关注孩子学习习惯的养成和学习能力的培养，而不只是关注成绩。其实，对于一个人来说，会做人比会读书更重要，情商比智商更重要，心理健康和身体健康一样重要。

每位家长都要转变教育思想，尊重孩子，尊重个性，尊重人性。莱布尼茨说，世界上没有两片完全相同的树叶。每个孩子在这个世界上都是独一无二的，每个人都有他自己的身心发展过程，真正成功的教育就是让每一个孩子都成为他自己，有独立的人格，有独特的个性。

每位家长都要努力培养孩子广泛的兴趣爱好。家庭教育中切不可忽视非智力因素的培养，应该让孩子有远大的目标、广泛的兴趣、热烈的情感、坚强的意志、独立的性格。人最幸福的事是做自己喜欢的事情，哪怕是种花、养小动物。有了爱好的孩子，即使考不上名牌大学，也会有健康人生、幸福人生。如果发现自己的孩子真正在某一领域有内在的天赋潜质，要好好培养，多关注相关信息。

每个孩子都会有不同的成长道路，但爱好会提升他一生的生活质量。在培养孩子兴趣爱好的同时，家长们要特别重视培养孩子的阅读习惯。读书是孩子们净化灵魂、升华人格的重要途径。在孩子的成长过程中，读书是主要任务。凡是读书多的孩子，一般来说其事业必然开阔，其精神必然充实，其志向必然高远，其追求必然执着。哪怕再忙，也要陪孩子一起读书，带着孩子享受读书带来的快乐，让书香浸润孩子的每一天。

党中央高度关注少年儿童的成长，学校也根据教育部下发的文件开展了“五项管理”和“双减”工作。为了孩子们的成长，家长和学校要一起抓好孩子们的睡眠、手机、读物、作业、体质等五项管理，切实减轻孩子们的作业负担和校外培训负担。具体包括：每天睡足10小时；不带手机或电子产品进学校，情况特殊需要携带的，提出申请交由班主任管理；阅读经典名著，不滥买书籍教辅；一二年级回家不做书面作业，三至六年级作业总量不超过一小时；每天进行一小时的体育锻炼，培养良好的运动习惯；等等。

家长和学校是教育的同行者和合作者，是三角形的底角，稳稳地托住孩子，帮助他更好、更快地茁壮成长。有了家长的信任、理解、支持和配合，有了爱岗敬业、乐于奉献、充满活力、富有爱心的教师，孩子们一定会健康快乐地成长。

为中华之崛起而奋斗

春天，并非只是四季的重复开篇。站在春天这个充满希望的起点，所有师生应不负青春好时光，树立远大理想，无愧伟大新时代，为中华民族的伟大复兴而努力奋斗。唯努力者进，唯奋斗者强。正如习近平总书记所说，只有奋斗的人生才称得上幸福的人生！

为中华之崛起而读书，是学生一生必修的精神功课。周总理在少年时代立下“为中华之崛起而读书”的宏伟志向，激励了一代代中华学子，为民族的觉醒、独立、富强而发奋学习。今天，民族复兴的伟业将在新时代一步步实现。为中华之崛起而读书，要读有字之书，读中华五千年的文学经典，这是建立人生信念与气质的重要资源。为中华之崛起而读书，还要读无字之书，亲近中华民族优秀的精神财产。学生要为今天的民族强大而自豪，志存高远，努力奋斗，在读有字之书与无字之书中，增强民族文化自信和价值观自信，扎中华根，铸民族魂，做具有国际视野、天下情怀的现代中国人。

为中华之崛起而育人，做好学生成长的引路人。教师日出而行，日落而归。教师的每一秒钟，都在深情地注视着孩子们；教师的每一秒钟，也都在被孩子们仰望的目光所注视。教师是孩子们心目中最高大、最完美的成年人，是一个生命从花朵到果实的陪伴者，以孩子们人生引路人的姿态，不知疲倦地站在他们人生最重要的驿站上，指引他们奔跑的方向。教师的工作是一项漫长、细心的工作，在这漫长的过程中，面对孩子，要用我们的智慧、魅力和积极向上的心态，做心灵的领航员，唤醒孩子们求知的欲望，挖掘孩子们的潜力，努力为孩子们搭建一条通往成功的藏金路。

鲁迅先生说："谁塑造了孩子，谁就塑造了未来。"某种意义上，教师塑造的是国家的气质和内涵，塑造的就是这个国家的未来。教师应珍视这样的荣誉，珍视这样的托付，不辜负祖国、人民的厚望。为了新时代中华民族的伟大复兴，中国教育梦的实现，修炼再修炼！

我期待的校园是一块安静、平和的圣地。在这里，可以听得到风声、雨声、读书声；在这里，每个人心中都有自己的梦想，家事、国事、天下事，事事关心。在校园里经常能看到大树下、花坛前有同学手捧书本分享阅读的喜悦；经常能看到同学们在操场上肆意挥洒汗水，舒展身躯，享受运动的快乐；经常能看到实验室走进走出的一批批"时而眉头紧缩、时而豁然开朗"的"小学者"……每一个孩子都能寻找到自己感兴趣的课程，深入其中，不断学习，仔细研究，发掘出适合自己的轨道，建立起属于自己的个性化课程体系，聚焦志趣，激发潜能，并做到持之以恒。

我们渴望倾听梦想花开的声音，更希望借此，成为这个伟大国度复兴繁荣的点点星火。在这样一个无比需要美好教育的时代，教师应以梦想为帆，奋勇前行，谱写教育更辉煌的篇章！

让孩子在党的阳光下茁壮成长

每一次开学都是一座里程碑。感恩祖国，让我们相遇在建党百年的高光时代。无论是科技攻关第一线还是乡村振兴主战场，都在提醒着：我们已然经历的、正在奋斗的、将要面对的，注定与众不同。

一、知党史爱祖国立大志

“欲知大道，必先为史。”一百年前的那艘红船，驶过了白色恐怖，穿过了抗日烽火，冲出了解放战场。鲜艳的党旗始终高高飘扬在枪林弹雨的前线，飘扬在改革开放的前沿。周恩来总理“为中华之崛起而读书”，鲁迅先生为唤醒国民的灵魂“弃医从文”，邓稼先说“为了和平，我们需要武器”。32 岁仍想“飞”的“苏神”苏炳添，在东京奥运会上，打破了百米亚洲纪录，成为首个站在奥运会男子 100 米决赛起跑线上的黄种人。苏炳添在接受采访时说：“我的目标从一开始就没有变过，那就是进入奥运会决赛。”由此可见，只有把“小我”融入“大我”，聆听时代，与时代同步伐、与祖国共命运，才能获得更有高度、更有境界、更有品位的人生。

二、学英雄敢担当勇作为

一个有希望的民族不能没有英雄，一个有前途的国家不能没有先锋。为纪念革命烈士陈延年、陈乔年而命名的“延乔路”走红网络，路牌下堆满鲜花，一位10岁的小学生在致烈士的信中写道：“延乔路的尽头直通繁华大道，这是我们的幸福大道，繁华盛世!”崇尚英雄才会产生英雄，争做英雄才能英雄辈出。从闻“汛”而来的“橄榄绿”“火焰蓝”，到“疫”中逆行的“天使白”“志愿红”，我们看到了英雄的身影，逆行跪地救人的新医学子于逸飞、纵身跃入急流的外卖小哥马壮壮、驾驶铲车逆流救人的刘松峰……他们用生命书写责任与担当，让平凡的人生闪动着耀眼的光芒。当代学子会用实际行动告诉社会：未来的我们能够守护中国，亦能为国争光。

三、敬生命爱劳动不“躺平”

体育锻炼是珍爱生命最有效的方式。我们可能没法成为奥运冠军，但我们可以坚持锻炼身体，“做自己的冠军”。跑起来、跳起来、动起来，坚持每天锻炼一小时，从小养成锻炼的习惯。劳动和体育同样都有催人奋进的精神力量，正如老舍所说：“劳动是最有滋味的事。”希望每位同学都能尽自己微小的力量替父母、替他人分担辛劳，表达对每一位劳动者最朴素的敬意。

四、勤学习强科技重创新

天宫空间站的三名宇航员在太空开展科学研究，探索火星的“祝融号”传回最新的图像数据。这一切都是学习赋予我们的神奇！以“双减”撬动的基础教育改革已经开启，我们将与时俱进，严格落实“五项管理”要求。希望每位同学都能热爱学习，博览群书，自我管理时间，自主完成作业，自我小结梳理，让书面作业不回家。与此同时，也希望每位同学能够坚持锻炼，远离手机，保证睡眠，每天睡足10小时。

生逢盛世，重任在肩。希望全校师生都能从百年党史中汲取智慧，以奋斗与担当解锁强国有我的精神密码，去开创一个属于自己的美好未来，早日成为德智体美劳全面发展的社会主义建设者和接班人！

为孩子撑起法治的蓝天

青少年是祖国的未来，民族的希望。抓好广大青少年的法治教育，是提高文明指数的固本之道，是预防和减少青少年违法犯罪，促进社会治安形势根本好转的治本之策，也是提高全体公民道德素养，促进精神文明建设的有效之举。

2021 年，既是中国共产党百年华诞，又是“八五”普法规划启动之年，党和政府非常关心青少年法治教育宣传工作。我校是全国文明校园，是全国“零犯罪”学校，是湖南省依法治校示范学校，深耕“法治”这方土地，坚持依法治校、依法办学、依法育人，全方位诠释法治教育的内涵，赢得广大学生、家长以及社会各界的赞誉。

学校始终是青少年法治宣传教育的主战场。对于教师而言，要有“青少年法治教育无小事”的理念，言传身教，俯下身子，了解学生思想，倾听学生心声，帮助学生解心结、排忧愁、强法纪。对于学生而言，要做崇尚法律、遵纪守法、懂法明理的好少年。

学校每学期组织师生学习《中华人民共和国民法典》《中华人民共和国未成年人保护法》《中华人民共和国预防未成年人犯罪法》等法律法规，帮助学生懂得应该遵循的基本行为准则，养成学法、知法、守法、用法的行为习惯，不断提高法律意识。同时，学校也会结合课外活动、班队活动、纪念日宣传活动、社会实践活动等时机，组织观看法治教育宣传片，举办“民法典进校园”宣传教育活动，开展“反恐防暴应急处置”演练等多种形式的活动，引导学生在懂得用法律进行自我约束的同时，也能学会用法律保护好自己，让知法懂法的种子在他们的心中生根发芽，人人都成为具有社会主义法治精神的、合格的社会主义事业建设者和接班人。

“勿以恶小而为之，勿以善小而不为。”身边的小事时时都在考验着我们，不要以为你的一个举动危害小就肆意为之，也不要以为你的一个简单善举起不了多大作用就忽略而过。实际上，一件件小事累积起来，力量无穷，所以遵纪守法，从小事做起！

在校内，我们遵守校规校纪，遵守课堂规范、课堂秩序，听见上课铃声响，迅速安静进教室；要发言，先举手，下座位，先报告；与同学玩耍，相互友爱，不打不闹；领餐有序排队，路队有序排队；考试时光明磊落，不偷瞄不作弊。事情看似很小，但是一件一件做好了，那么你的形象在老师眼里一定是好的。

而在校外，我们需要遵守社会规则。路上不追逐打闹；过马路时走斑马线，看清红绿灯；乘车时不把头、手伸向车外，更不要向车外投放垃圾；不随地乱扔垃圾，不乱吐痰，不辱骂别人，不对别人动手动脚。做好每一件小事，懂规矩、讲文明的好公民形象自然呈现。

法治，说复杂不复杂，就体现在我们的一个个小小举动上。若生活中的每一个举动都文明、都符合礼仪，那么你自然不会去触碰法律底线，自然不会违法乱纪。

法律无处不在，法律无时不在，学法、知法、懂法、守法应是我们日常生活的重要组成部分。希望每个学生都能努力成为弘扬法治文化、传播法治文明的护法小使者！

让阅读像呼吸一样自然

胸藏文墨虚若谷，腹有诗书气自华。书籍，是人类进步的阶梯；书籍，是开启智慧大门的钥匙。一个崇尚读书的民族，一定是一个理性的优秀民族；一个崇尚读书的社会，一定是一个充满希望的社会；而一个崇尚读书的校园，一定是一个健康而充满生机的校园。学校的美应该不仅仅是洁净、通透、气派的，更应该洋溢着浓浓的书香。有了书香的熏染，教师和学生的人生就充满了诗意；有了书香的飘溢，学校就会美得深刻，美得庄重而大气。我们要努力构建“书香校园”，让读书成为师生共同的习惯，让每位教师、每位同学都能“多读书、读好书、好读书”。

首先，建立班级图书角，选出读书组织委员、图书管理员。让孩子爱上阅读最重要的方式是布置一个温馨的阅读区域——无处不书，处处阅读。学校从书籍质量、摆放设计、书籍管理、奖励机制等方面提出具体建议。各班积极响应，班主任们因地制宜，认真组织，对图书角进行美化，打造特色班级文化，让图书角变成班上最温馨舒适的一个活动场所。同学们热情参与，献计献策，精心布置。每个班级发动学生捐书、献书来筹集图书，学生也可以从图书室借书或自己带书，定期对图书进行筛选更新与补充。各班设立班级图书管理员，加强图书角的管理，负责图书角图书的整理和借阅登记工作，发挥图书角的真正作用。班级图书角藏书量足，内容丰富，书柜干净整洁，环境优美，让每个孩子都能分享图书，享受阅读的乐趣，真正把读书活动落到了实处。

其次，营造浓烈的读书氛围，举行特色读书活动。语文教师要安排固定的读书指导时间，开展“晨诵午读”“亲子阅读”“好书分享”“我爱讲故事”等活动，以提高学生读书的实效。语文教师利用阅读课指导学生阅读，要求学生摘录优美词句，与同学们交流读书感受，引导学生相互推荐阅读到的好书，将读书的心得和快乐记录在《采蜜集》中。学校组织各班办好黑板报、手抄报，并举行“每月读一本好书”“每周背诵一篇经典诗词”“人人争当读书之星”等活动，培养学生读好书、勤读书、会读书的良好阅读习惯，让阅读触手可及，使校园充满浓郁的读书氛围，给予学生一片灿烂的星空。

最后，学生还可以与自己的父母一起读书，共建书香家庭。利用节假日，与父母一起到书店选购一些适合自己的读物，以拓宽阅读渠道，努力丰富自己的家庭藏书柜。倡导家长在孩子过生日时，以书为礼；过春节的时候，送好书压岁。建议家长将每天睡前半小时定为“家庭读书时间”，开展每天晚上 30 分钟的“亲子共读”，促进父母与子女间的交流，共同成长，撰写家长陪读感悟。在学校微信公众平台“家校联系”中创设“分享阅读”专栏，指导家长阅读的文章、亲子阅读的经验分享、展示“好书分享”“亲子阅读”的照片等。利用班级网站、QQ 群等平台开展家庭亲子阅读好书推荐，使读书真正成为家庭的温馨港湾。

爱上读书，让阅读像呼吸一样自然。读书，是一种享受，是一种快乐，更是一种幸福。读书之乐，乐在悦心，陶冶性情，修炼心灵；读书之乐，乐在感悟，灵魂碰撞，精神交流；读书之乐，乐在思考，以史为鉴，学会珍惜。当我们读着精美的童话，惊叹于其中的奇妙想象；当我们读着清新的散文小说，流连于精美的语段、壮阔的画卷；当我们读着古典诗词，沉醉于唐诗宋词的丰美意境，会惊叹：读书，是何等快乐！读书，是何等幸福！

教师一生与花相伴

泰戈尔说过:“花的事业是甜蜜的,果的事业是珍贵的,让我干叶的事业吧,因为叶总是谦逊地垂着她的绿荫。”选择了教师,就是选择了叶的事业。教师的一生,与花相伴。与花相伴的一生,美好而富有诗意。

说到这,我想起了一位平民英雄教师——殷雪梅老师。2005 年 3 月 31 日,她为了拯救身后那些稚嫩的生命,张开双臂,用身躯去阻挡直冲而来的小轿车。25 米,整整 25 米,小轿车把殷老师撞出去 25 米。在这个世界上行走、生活、奋斗、奉献了 52 年的生命,戛然停止……在殷老师的追悼会上,10 万名群众挥泪送别,被她救下的孩子跪在地上,泪流满面,他们深情地呼唤:“殷老师,您快回来啊。”

殷老师唯一的爱好就是养花,但是她实在太忙了,即使是养花,也是挑选那些容易伺候的,像吊兰、君子兰之类。殷老师最喜欢的歌就是那首《丁香花》,在教师节晚会上,当这首歌响起时,电视机前的我,仿佛看见在一片花丛中,笑脸绽放、美丽异常的殷老师。

如果说殷老师是一朵花,那十万群众的送别就是一只生花的笔;如果说殷老师是一片绿叶,那她用生命和爱铸造的叶魂,在千万人的心中,树起了一座不朽的丰碑。

谁爱孩子,孩子就爱谁,只有爱孩子的人,才能教育好孩子。教师应该用自己博大的爱去温暖每一位学生。教师只有热爱学生、尊重学生，才能去精心培养学生，只有爱得深，才能更用心、更耐心、更细心地对学生进行教育。“爱”源于高尚的师德，“爱”就意味着无私的奉献。

教师是绿叶，因为爱，才能一生与花相伴。师爱像滴滴甘露，即使是枯萎了的心灵也能苏醒；师爱像融融春风，即使是冰冻了的感情也会消融。

教育，是爱的事业；教育，更是无私奉献的事业。我深深懂得，我们肩上的担子很重，我们要走的路还很远，很远……

汪国真的一首诗道出了无私奉献者的心声：

我不去想是否能够成功，
既然选择了远方，
便只顾风雨兼程。
我不去想能否赢得爱情，
既然钟情于玫瑰，
就勇敢地吐露真诚。
我不去想身后会不会袭来寒风冷雨，
既然目标是地平线，
留给世界的只能是背影。
我不去想未来是平坦还是泥泞，
只要热爱生命，
一切，都在意料之中。

教师，是一个神圣的称呼。让我们以良好的师德，共同撑起教育的蓝天，共同托起明天的太阳！

教学:口衔山石细

语文教学不仅要教学生“学会知识”,更重要的是要教学生“会学知识”。学生会学,才能更主动地获得知识。因此,在课堂教学中,教师应该把改进自己的教法和指导学生的学法有机结合起来,有效地发挥学生的主体作用,达到“教”和“学”的和谐发展。

让学生成为语文课堂的主人

美国教育家杜威说："给孩子一个什么样的教育，就意味着给孩子一个什么样的生活。"是啊，孩子的童年生活大部分都是在学校中度过的。那么，应该给孩子一个什么样的语文课堂？到底应该怎样来教学？

《义务教育语文课程标准（2011 年版）》指出，学生是语文学习的主人。语文教学应激发学生的学习兴趣，注重培养学生自主学习的意识和习惯，为学生创设良好的自主学习情境，尊重学生的个体差异，鼓励学生选择适合自己的学习方式。尊重学生自主学习的权利和选择，是课程改革倡导的新观念。长期以来，以教师为中心、以知识传授为主的传统教学方式，教师讲、学生听，教师问、学生答，被动接受式的学习，严重束缚了学生自主学习能力的培养。因此，让新观念、新方法走进小学语文课堂，应是教学改革的核心，也是教师的必然选择。

一、改变学生的阅读方式

学生是课堂学习的主人，应该让学生变被动地接受学习为主动地探究学习。叶圣陶先生说："学语文主要靠学生自己读书，自己领悟。"这句话强调的是"自读自悟"。教师要充分利用课堂这一实施素质教育的主战场，培养学生的自学能力和创造精神，从鼓励学生自主学习，激发学生学习的内驱力入手，把课堂还给学生。

（一）提倡个性化阅读

“一千个读者，就有一千个哈姆雷特。”阅读是学生的个性化行为，不应以教师的分析代替学生的阅读，应让学生在主动、积极的思维和情感活动中，加深理解和体验，有所感悟和思考，受到情感熏陶，获得思想启迪，享受审美乐趣。“应该重视语文的熏陶感染作用，注意教学内容的价值取向，同时也应尊重学生在学习过程中的独特体验。”在教学《棉花姑娘》时，教师让学生扮演棉花姑娘，读“请你帮我捉害虫吧”。有的学生读得很大声，语速很急，教师问他为什么这么读？学生回答，因为棉花姑娘生病了，很着急，希望尽快得到治疗；有的学生读得很小声，有气无力，是因为他感受到了棉花姑娘生病的痛苦；还有的学生读出了高兴的语气，是因为他作为棉花姑娘，看到“医生”来帮自己捉害虫，很高兴……学生体会到了棉花姑娘复杂多样的心情，读出了自己不同的感悟。

小学语文教学要体现“以读为本”的思想，“要让学生充分地读，在读中整体感知，在读中有所感悟，在读中培养语感，在读中受到情感的熏陶”。以读为本，并不是机械地朗读背诵，为读而读，而是教师通过“以境诱读、以情引读、以说带读、以练导读、以评促读”等方法，促进学生自主地读，从而达到“以读促思、以读激情、读中感悟、读中迁移”的目的。在指导学生读的过程中，要重视学生作为独立个体的活动，应开放地、自由地让学生读自己感兴趣、感触最深的句子或是词语，让学生无拘无束地谈观点、体会、想法。

在教学《乌鸦喝水》时，教师让学生通过个别读、同桌读、小组合作读等多种形式读课文。学生在读课文时，提出有两组形近字难以区分，分别是“鸟”和“乌”与“喝”和“渴”。这一直以来都是教学的难点。教师请学生自己寻找好方法来记忆，竟得出了这样的答案：“乌”比“鸟”少一点，是因为乌鸦全身都是黑的，以至于我们看不到它的眼睛了。对于“喝”和“渴”的区别，学生这样说：“喝水”要用口喝，所以是口字旁；“渴”是因为口渴了特别想喝水，而想喝水并不一定要张大嘴巴，所以是三点水旁。这样的例子不胜枚举，给教学带来了很大的启示。别“告诉”他，他会知道得更多！

（二）倡导探究式阅读

在阅读教学中，教师应在培养学生形成良好阅读习惯的基础上，让学生养成阅读的定势；但在训练创造性思维和想象力时，却要突破阅读思维定势，引导学生从不同角度、不同层次展开探究。教师应重视阅读期待、反思、批评，鼓励学生大胆质疑，质疑同学的回答，质疑老师的说法，甚至可以质疑教材。如在学习《搭石》时，有学生提出“清波漾漾”应改成“清波荡漾”。就这个问题，教师让学生反复读课文，再翻阅工具书，然后讨论交流。最后，学生知道了，“清波漾漾”同样是一个词语，作者用“清波漾漾”和“人影绰绰”来形容家乡人们走搭石的情景，这两个词语都采用了叠词的形式，读起来朗朗上口，增强了课文的美感。允许学生说出不一样的看法，让学生从小养成爱探究、爱发现的学习习惯，对学生终身有益。

在课堂上，教师应为学生营造创新的环境，允许插嘴，允许失败，提倡“标新立异”。教师要选好切入点，引导学生大胆想象，发展思维。在教学《月光曲》时，教师让学生想象，贝多芬在记录曲子时仿佛看到了什么、想到了什么？他当时的神情怎样？可能会有哪些动作？学生小组交流后，说出了许多精彩的片段。还有许多课文的故事情节十分扣人心弦，教师用生动的语言在课堂中创设情境，激发学生展开想象，令学生产生了极大的创作欲望。

二、改变学生的学习方式

学生是学习和发展的主体，要实现有效的学习，自主学习是基础。“阅读教学的最终目的是要使学生自己能读书，不待老师讲。”语文教学不仅要教学生“学会知识”，更重要的是要教学生“会学知识”。学生会学，才能更主动地获得知识。因此，在课堂教学中，教师应该把改进自己的教法和指导学生的学法有机结合起来，有效地发挥学生的主体作用，达到“教”和“学”的和谐发展。语文教学要努力实现先学后教，真正根据学生不同的学习需要施教，积极鼓励学生自主确定教学内容，自主选择教学方法，自主设计评价方式。在教学《扁鹊治病》一课时，学生通过自学课文，找到了扁鹊第一次拜见蔡桓公的句子。教师不要求学生怎么读，而是把选择读书方式的权利交给了学生：你想怎么读这句话？学生纷纷举手发言，师生商议后选择了其中的一种方法——分角色合作朗读。

要实现有效的学习，合作和探究是有效的方式。合作学习优于个体学习，探究性学习是培养学生创新精神和实践能力的重要学习方式。在进行小组合作学习时，要训练学生由有序合作开始，使每一个学生有效思考，高效发展。小组合作学习时，必须有成员间的合作探究。这样，组内成员相互合作，小组之间合作、竞争，激发了学习热情，挖掘了个体学习的潜能，扩充了信息量，学生在互补中实现了共同提高。

在教学《棉花姑娘》一课时，棉花姑娘请了燕子、啄木鸟、青蛙来给她治病。为了让学生更好地体会棉花姑娘的心情，更好地了解故事情节，教师让同桌进行分角色表演。在学生得到了充分练习后，教师摇身一变，带着头饰成了棉花姑娘，成为学生的合作者，一起表演对话情景。教师非常投入，与一年级孩子在一起，就好像成了她们的伙伴。学生在这样的氛围中，和老师、文本融为一体，语文素养也在潜移默化中慢慢地形成。教师营造一个能够让每个学生都积极参与的、自主选择的、开放的学习环境，让学生在自由而充分的学习活动中生成智慧、生成能力、提高素质。这种做法，保护了学生独立思考的积极性，让他们的个性在课堂里得到了充分的张扬。

三、培养学生的情感体验

现代教育学、心理学告诉我们：学生在学习中的任何阶段，其认知过程与情感过程是相互交织在一起、统一在一起的。斯卡特金说，未经过人的积极情感强化和加温的知识将使人变得冷漠，由于它不能拨动人的心弦，很快就会被遗忘。小学语文教材中，许多文章都是作者“情”的喷涌精品，都蕴含着丰富的情感。教师应该在“情”字上下功夫，竭尽全力挖掘出蕴含在字里行间的情感，引导学生进入情境，理解文章，使之达到认知与情感的统一。

在教学《狼牙山五壮士》一课中的“英勇跳崖”部分时，教师先让学生带着问题自由读课文，从课文中找依据、找答案，使学生通过积极思考理解五壮士当时的壮志豪情。接着，让学生分小组自由讨论，并完成尝试性句式练习：“五壮士完成任务之后，带着____，带着____，昂首挺胸，相继跳崖。”学生说出了多种答案，如“对共产党的忠诚、对胜利的喜悦、对敌人的仇恨、对生命的留恋”等等。教师把这些答案交给全班同学讨论，让学生自由站立说出自己所支持的答案及其原因。顿时，课堂氛围十分活跃，学生讨论热烈。教师恰到好处地对比、讲解，最贴切的答案“对胜利的喜悦、对敌人的仇恨”就自然地显现出来。再通过深情朗读，学生对五壮士的敬仰之情得到了进一步深化。这些积极的思考和讨论成为一股股强大的推动力，使学生的认知和情感达到了一个新的层次。

语文教学中情感的交流具有三维性，教师的情、学生的情、课文作者在作品中表露的情，三者融为一体，体现在阅读教学中。在教学中，根据学生的主体地位，教师要创设情境，让学生在特定的情境中担当角色、体验角色，教师自己进入“我就是作者，我就是学生”的情感体验，学生也进入“我就是作者，我就是课文中的角色”的体验，营造一种教师、学生、作者三位一体的最佳情感境界，使学生产生一种新感受，忘我地学习，主动地探索、研究。在教学《卖火柴的小女孩》时，课文凝聚着作者对小女孩的深切同情，对资本主义制度的强烈憎恨，其情深沉、含蓄，如课文开头朗读的声调低沉，渲染凄凉、冷漠的氛围；当读到小女孩产生幻想时，语调欢快，充满希望；课文末尾语调低沉、悲哀，为小女孩的悲惨遭遇鸣不平。这样进行朗读指导，以声传情，以情激情，引发了学生情感的共鸣。

学生是具体的、活生生的、有丰富个性的、不断发展的主体，因此，课堂教学必须以学生为主体，以学生的发展为本。教师在充分发挥主导作用的前提下，真正确立学生的主体地位，把学习的自主权还给学生，珍惜学生作为独特个体的高尚情感、体验、理解，让学生在参与中学会知识、发展智能、完善人格，成为课堂学习的真正主人！

打造学生热爱的语文课

语文课程以人为本，充分发挥师生双方的积极性。在教学活动中，师生同为主体又互为客体。因此，教学过程是师生互动、互促、教学相长的过程，是激发师生的生命潜力、焕发生命激情的过程，是揭示人的真、善、美，显示人的本质力量的价值的过程。师生都是大写的“人”，彼此应关爱、尊重、理解和信任。

长期以来，学生常常被置于从属的地位，处于被动的状态。当前，语文教学要呼唤学生的主体精神，张扬学生的个性特征，激发学生的生命活力，发挥学生的创造才能，真正落实“学生是语文学习的主人”。为此，《义务教育语文课程标准（2011 年版）》在各个学段主要使用如下概念：感受、体会、感悟、体验、领悟、揣摩、探究、品味、把握、了解、推想、理解、掌握等，这些都是学生主体心智活动的过程，是别人无法代替的智力活动行为。正是学生主体的智力操作，构成了学生语文素养形成与发展的过程。这个过程也是学生认知、情感、意志以及个性的心理发展过程，是学生精神世界的内化、孕育、生长和赋予生命形态的过程。

一、给学生一个“民主的课堂”

语文教学的民主性是指在教学中突出学生的主体地位，创设民主、和谐的氛围，激发学生的主动参与意识，开发学生的学习潜能，指导学生学会学习。

体现在教学实践中的民主性包括两层含义：一是教师的角色发生改变，由教学的中心和主宰变为服务于学生发展，成为学生学习的合作者、引导者和参与者。教学过程是师生交往、共同发展的互动过程。交往意味着人人参与，意味着平等对话，教学变成一种动态的、发展的、富有创造性的人际交往活动。因此，教学应创设丰富的教学环境，建立一个接纳的、支持性的、宽容的课堂气氛。二是突出学生的主体地位，教师的作用在于指导学生形成良好的学习习惯，激发学生的学习热情。教师要给学生研究、发现、合作交流的时间和空间，重视展示学生在学习过程中所研究和发现的成果。要注意开启学生的内心世界，让学生自主选择学习的形式和内容，发表自己的独特见解和体验，愉快地投入学习活动。教学的民主性是促进学生主动发展的前提条件和基础。

二、给学生一个“开放的课堂”

语文教学的开放性是指开发和利用语文教育资源，构建语文教学的大课堂，拓宽语文学习和运用的领域，注重不同内容和方法的相互交叉、渗透和整合，充分体现学生的自主学习。

教学的开放性应体现在：一是学习空间的开放。学生的学习不再受教室的限制，大自然、图书馆和互联网等也应成为学生学习语文的课堂，让学生在实践中积累语文知识，形成语文能力。二是学习内容的开放。要打破封闭的学科知识体系，学生和教师都有自主选择学习内容的权利，对教材的内容可根据实际进行改换、增删，使学生从丰富的教学资源中获取语文知识。语文教学应注重课程的整合，有机渗透数学、音乐、美术、自然等方面的知识内容，提高学生的综合素质。三是学习方式的开放。要改变教师讲、学生听，教师问、学生答的接受式学习方式，指导学生收集和利用学习资源，帮助学生设计恰当的学习活动，选择不同的学习方式，如观察、实践、调查、实验、模仿、体验等，让学生自主探索，形成良好的行为习惯，获得语文素养。建立和形成发挥学生主体作用的开放性教学，是促进学生在教师的指导下主动地、富有个性地学习的关键。

（一）让学生展示自我

“教学不仅仅是一种告诉，更多的是学生的一种体验、探究和感悟。”千万别让教师的“告诉”扼杀了属于孩子的一切，让他们去体验、去探索、去感悟、去尽情地展示自己吧。在课堂上，有许许多多与课文内容有关的资料都是学生自己通过多种途径搜集来的。他们往往期待着能将自己的成果展现给大家，这样，无论是在课内还是课外，他们都表现得十分积极，而且极大地丰富了知识的储备量。

（二）引领学生阅读

叶圣陶先生曾说，教材无非是个例子。那么，在利用好例子教给学生学习方法之后，就应该是大量的实践。只有在实践中，学生的能力才能不断巩固、提高。基于这个思想，教师要经常搜集课外阅读材料，把诸如《安徒生童话》《唐诗三百首》《格林童话》等书籍推荐给学生阅读，使其领悟书中的精妙所在。

（三）在生活中学语文

“让语文走进生活，在生活中学习语文。”教师要有意识地引导学生在生活中学习语文，使学生深切地感受到：语文离他们很近。这样，学生便会更加自信、更加主动地去学习。“在生活中识字”的教学实验就很好地证明了这一点。大街上、电视上、车厢里……到处都成了孩子们识字的地方。抓住生活的点点滴滴，眼里有资源，心里有教育，课程资源就无处不在。

三、给学生一个“合作的课堂”

语文教学的合作性是指学生在独立思考的基础上以小组为单位而进行活动，促进学生主体发展。它以小组成员的共同努力，实现解决问题的目的。生生互动的形式，凝聚了集体的智慧，“人人教我，我教人人”，有利于优势互补，缩小个体差异。

教学的合作性主要表现在：以讨论的形式研讨教师或学生提出的问题，学生在讨论中一般要——“倾听”：认真听取别人的意见；“交流”：发表自己的看法并对别人的意见进行评价和补充；“协作”：用自己擅长的形式（如读、画、唱、演等）展示问题的解决过程；“分享”：让每个人获得成功的体验，并从中反思自己的学习行为。其他语文实践中的合作会更加充分和自由，学生可以自由选择合作伙伴，就共同关注的问题进行研究。这个伙伴可以是教师、同学、家长以及其他任何人，合作对象的广泛性，有利于学生开阔视野，学会与人相处。教学中的合作是提高学生整体素质的重要形式。

四、给学生一个“探究的课堂”

探究是最能体现人之本性和人之力量的心智活动，是人类认识世界的一种基本方式。语文教学的探究性是指学生在教师的指导下，通过自主探索式的学习研究活动，在已有知识或经验的基础上，经过同化、组合和探究，获得新的知识、能力和态度。作为一种学习方式，探究旨在在体验过程中敏锐地捕捉问题，紧紧地追问、探索问题的结果。语文教学中探究的领域十分广泛，可以是文章的思想、内容，可以是词句之美、景色之美、情感之美、意境之美，也可以是学生感悟学习方法的过程，获得内心体验的过程。

“学起于思，思源于疑。”凡是学生产生疑问的，都可以作为探究的对象。儿童的思维和认知具有独特的视角，不同生活经历、个性特点的孩子有不同的理解和感悟。因此，教师对学生独特的感受和体验应加以鼓励，承认差异，不搞统一标准。另外，探究更重要的不是结果，而是探究过程本身。要探究的不仅有思想内容，更有方法、情感、态度等。这些探究都可以是深层次的，是更有探究价值也更容易激发学生探究兴趣的。因此，教学中的探究有利于学生知识和能力、方法和过程、情感态度和价值观三维目标的实现，是促进学生综合素质提高的主要方式。

五、给学生一个“参与的课堂”

语文教学的过程性是指学生在学习过程中的参与程度和思维方式等。学生的学习结果不一定是具体、有形的成品，可能是提出一种见解、产生一个方案、策划一项活动，注重在学习体验的过程中，学习者对所学的内容有所选择、判断、解释、运用，从而有所发现。语文教学的全过程，应是全体学生积累参与学习的过程。学生的年龄、知识积累和个性特点，决定了其学习品质的差异性。因此，反映在学习结果上的差异肯定是存在的，不管学生的差异有多大，只要是积极参与了学习研究的过程，都要给以肯定和鼓励。承认差异就是尊重学生的学习过程。

体现语文教学的过程性，就要充分调动学生的学习主动性，给学生独立思考的时间，让学生边读边思，领悟语言表达之精妙，获得情感体验之愉悦；给学生讨论交流的时间，讨论交流的形式可以多种多样，或同桌研究，或分组讨论，或自由组合交流，以期达到人人参与、各抒己见的目的；给学生质疑问难的时间，在学生学习的过程中，鼓励学生大胆提出有价值的问题，并寻求解决的途径。教学过程中新的学生观和质量观，是对以往注重学习结果而忽视过程的评价观念的挑战，应引起教育工作者的思考。

六、给学生一个“体验的课堂”

体验是伴随着积极的心理活动寻求未知的实践过程，是获取直接知识、形成学习能力、唤起创造潜能的基本途径。语文教学的体验性是指从学生已有的生活经验和知识背景出发，向他们提供充分的从事学习和交流的机会，突出学生的主体地位，拓展学生自由学习、思考、体验的空间，崇尚个性化的理解，注重体现学生认知、思维等心理。体验性学习应贯穿在语文教学的全过程，学生不仅要用脑子去想，而且要用眼睛去看，用耳朵去听，用嘴说话，用手操作——即用自己的身体去亲身经历，用自己的心灵去亲自感悟。

语文教材的内容十分丰富，包括英雄人物故事、山川秀丽风光、自然科学常识、童话寓言故事等，不仅有生动故事的感染、优美语言的欣赏，而且有人文品质的熏陶。教师要在教学中为学生设计全程体验的程序，让学生在体验感知、体验思维、体验积累、体验情感、体验合作、体验创新、体验挑战、体验成功的过程中，促进知识的感知和内化，陶冶情感，开启智慧。学生学习的真谛在于“自悟”。语文教学的体验性可以激发学生的内驱力，增强学生的态度、意识和观念，发展其勇于探索、不断进取的人格力量和价值取向等。

七、给学生一个“情感的课堂”

教育是培育生命的事业，学生在课堂上度过的分分秒秒是痛苦的还是快乐的，都由教师的手来翻阅。语文课堂究竟应该如何去翻阅孩子的生命？

（一）展现给学生一个“充满激情的我”

在语文课中，如何体现语文学科的“人文性”，其基点在于“情感”。一个没有激情的教师，如何能调动学生的情感，让学生充满热情地学习？答案是：要把自己的情感传递给学生。

每节课上，无论教师在生活中遇到了多么大的痛苦与挫折，都应调整好自己的心绪，深挖教材、教学环节、教学过程中的每一个情感因素，把自己对于课文内容、对于生活、对于人生的每一份感悟、每一种情感，用语言、眼神、动作等传递给学生，展现给学生一个“充满激情的我”，陪伴孩子度过每一段“激情燃烧的岁月”。

（二）尊重“需要”，注重“激趣”

尊重学生学习的“需要”，激发学生的学习兴趣是实现“学生积极、主动学习，提高教学效率”的前提。一位教学经验非常丰富的教师说：“语文课一定要了解学生读书、求知和情感的需要，切忌灌输，重在引发兴趣，调动学生的积极性。”教师应通过多种方式在教学过程中激发学生的学习兴趣，或直观演示，或旁征博引，或巧设悬念……激发他们的阅读欲望和动机，创造“我要学”“我想学”的积极教学气氛。

为了激发学生的学习兴趣，在教学《问银河》这篇课文时，教师找来银河、天体、宇宙的录像与学生一同欣赏，当浩瀚的宇宙呈现在孩子们眼前的时候，教师能够真真切切地感受到他们渴求的眼神。他们太想了解银河、了解宇宙了！此时，教师不失时机地提出：“你们想问银河些什么呢？你还想说些什么？”孩子们个个兴趣盎然，跃跃欲试。“激趣”极大地调动了学生的主动性和积极性，教学过程也就“变苦为乐”。

八、给学生一个“对话的课堂”

传统的语文课堂，学生只是倾听者，谈不上和谁去“对话”。教师应还给学生一个“对话”的课堂，实现“文本对话”“师生对话”和“生生对话”。

文本对话。在课堂中，教师要经常提问：“如果你是某某（课文中的人物），你会怎样说、怎样做？”引导学生想象，和课文中的人物对话，“以文会友”，充当其中的角色，去体验、去感受。

师生对话。在课堂上，教师应该做学生的朋友，在他们需要帮助的时候伸出热情的手，实现与学生的沟通，展现给学生一个真实的“我”。

生生对话。课堂上，学生之间的交流与合作是必不可少的，教师应当积极地给学生创造交流与合作的机会，使学生学会交往，增强合作意识。

九、给学生一个“感悟的课堂”

著名特级教师窦桂梅老师曾说，学生的感悟能力就如同杠杆上的支点，对人的发展来说，学生感悟能力的高低正决定今后能否撬起这个“地球”。感悟既是一种心理活动，又是一种情感经历，还是一种审美体验。

（一）把别人的情感变成自己的情感

在教学《海滨仲夏夜》一课时，如何让北方的学生体验作者热爱自己家乡的情感呢？首先通过录像展示美丽的水乡，然后引导学生把自己美丽的家乡介绍给大家。孩子们充满自豪感，饱含着对家乡无比的热爱之情。这样，孩子们自然就感悟到了作者的情感，同时也将自己深深地感动。

（二）把别人的语言变成自己的语言

《春风吹》是一首非常美丽的儿童诗。“吹红了桃花，吹来了燕子，吹醒了青蛙。”教师带着孩子们一遍遍地读，细细地品味，孩子们非常喜欢。“你觉得春风还能怎样吹？我们也试着写写美妙的诗句，好吗?”孩子们在教师的引导下，写下：“春风吹，春风吹。吹绿了小草，吹动了树叶，吹黄了迎春花，吹皱了水面……”

（三）把别人的文章当注解，把自己的人生当正文

每一篇文章都有值得教师和学生共同去感悟的地方，而每一个人的所得是不尽相同的。教师要引导学生在学习、感悟他人的美妙篇章时，不忘时时联系自己，感悟自己，感悟人生，“把别人的文章当注解，把自己的人生当正文”！

对于语文教师来说，最大的希望就是每一节语文课都能陪伴学生度过一段幸福快乐的时光，让孩子们真正获得教育。

在正确把握教材中提高课堂教学效率

教育工作者十分关注课堂教学的效率。要真正做到减负提质，唯有抓住课堂四十分钟。怎样才能提高小学语文课堂教学的效率？首要任务是教师要把握好教材，正确解读，灵活运用，引导学生在课堂中学会学习。

一、正确领略编者的意图

教师是用教材来教学，而不是教教材。编者正是通过一个个活生生的例子来实现教学目标的。语文教材是单元式编排体系，一个单元就是一个教学目标训练点，单元下的每一课都有各自具体的教学目标。

教师要通读整个教材，对教材的体系结构、地位作用、文字内容、语言表达等方面进行整体了解，形成一个总体的认识。了解整个教材的基本内容、知识体系、结构特点以及各部分知识之间的内在联系和逻辑关系，弄清楚教材内容是怎样循序渐进地加以组织的，并结合课程标准的精神，分析教材的编写意图、内容选取、程度要求、风格特点等。只有全面熟悉教材、吃透教材，才能弄清教材要实现的目标，才有利于分析、处理教材。教师熟悉了教材的体系结构和目标定位，在进行教学设计时就可以前后照应、整合内容、反复渗透，就容易串起教材的线索。

在教学时，要结合单元导读提示、课前导读提示、课后练习以及语文园地，并联系单元和整册教材，确定教学目标。可以围绕课后的练习来进行教学，抓住这些题目就抓住了本课的训练重点。

二、准确把握教学目标

就阅读教学而言，在低年级，识字、写字无疑是教学目标的重中之重，同时还包括词和句的训练，以及初步的朗读训练。中年级是低年级向高年级的过渡阶段，要继续进行词句训练，理解词句在表情达意方面的作用是教学的重要目标，同时要加强段的训练，注重段的理解、积累与运用。高年级教学的重点，应放在引导学生从整体上把握文章的内容，品味文章的语言，领会表达的方法上。这一阶段，揣摩并运用表达方法是需要加强的一个训练重点。各年段教学的侧重点有所不同，但是不能彼此割裂。

教学目标的制定要紧紧地扣住学段，牢牢地体现课程目标的要求。教师要在把握好学段目标的基础上，再去制定本课时的教学目标。教无定法，但是都应该在课堂内完成教学目标。

中、高段的教学重点是段和篇，教师应该引导学生领会语言的表达。要重视揣摩词句的表达作用与效果，重视语文知识的迁移与运用，加强阅读教学中“说”与“写”的训练等。

三、准确解读教学文本

准确地解读文本，是上好阅读课的前提。要从普通读者欣赏性地阅读、学生学习、教师教学这三个角度，一步一步地潜心研读文本，把握其语言特点及人文内涵。第一步，教师要作为一般读者去赏读，投入其中，忘乎所以，感受文本的意境美、情趣美、形象美、人格美、语言美；第二步，以学生的视角，思考可以学什么、不学什么，学习中的困惑是什么，哪些可能是学生学习的疑点、难点、兴奋点；第三步，从教师教学的角度，确定教学目标、教学内容以及教学方法和策略。

四、注重指导学习方法

语文教师应该指导学生学习语言文字、感受语言文字、运用语言文字。那么，学生如何去学习、感受、运用语言文字？这就需要教师讲授各种学习的方法，最终让学生学会运用这些方法学习。如引导学生概括每段的意思，连起来就概括出了文章主要内容；抓人物的言行、神态来体会人物的思想感情；联系作者的生平来理解文章；联系上下文来理解文本；通过多种方法的诵读来理解古文；学生回答了问题，教师要追问一下“你是怎么知道的”，引导所有的学生学会思考；等等。这些方法，需要教师在每天的课堂里有所渗透。

教材为教师提供了一个创造性发挥的空间，教学不再是教师忠实地执行教材文本的过程。教师应在实现教育教学目标的前提下，将课程与教学整合，成为课程创生、课堂创造的主角，为学生创设亲历探究过程的、富有个性的和主动发展的学习平台，使课堂因“用好、用活教材”而活力无限。

情感渗透在语文教学中的作用

现行小学语文教材中，许多课文都蕴含着作者丰富的情感。教学这类文章，教师应紧扣“情”字不放松，在“知情、激情、促情、悟情”中，层层深入，环环紧扣，挖掘其中蕴含的情感，引导学生进入情境，理解文章，达到认知与情感的统一。尤其是在教学《狼牙山五壮士》这类远离学生现实生活的课文时，效果更为显著。

一、知情

教学伊始，教师巧妙地设计前一课时的复习题，出示本课时的学习目标，吸引学生注意力，唤起学生的情感。

课上，教师用简笔画勾勒出狼牙山的山形，指名用小标题概括出前三段的主要内容，接着出示学习目标：（1）课文四五段中，五壮士的英勇豪壮表现在哪里？课文是怎样写详细、写具体的？（2）学懂课文后，有感情地朗读，读出五壮士英勇豪壮的气概。然后引导学生齐读目标。通过有意识地重复“英勇豪壮”，学生初步了解了将要学习的四五段表现的是一种慷慨激昂的情感，为深入学习课文打下了基础，在情感上也埋下了伏笔。

二、激情

在教学中，运用多种形式的朗读，加以再现典型场面的录像和教师饱含激情的话语，来激起学生心灵小溪上的朵朵浪花，使学生逐步进入课文，走近人物。

进入第四段“顶峰歼敌”的教学，教师让学生带着学习目标中的问题自由读课文，且边读边划记描写五壮士动作、语言的句子。在学生互相交流的过程中，启发学生说出五壮士血战到底的情景。根据学生的回答，出示描绘五壮士用石头砸敌人的画面，让学生默读课文，划记出描写该画面的句子。然后通过图文对读，英雄们顶峰歼敌、英勇顽强的战斗场面就展现在学生面前，学生犹如身临其境，对五壮士的无比崇敬之情也就油然而生。受到这种情感的激发，学生纷纷自由站立说出令自己感动的地方。在学生情感升华的时候，出示“同志们！用石头砸”“猛地举起一块磨盘大的石头”“石头像雹子一样”这几个句子，运用“指名读—指导读—自由练习读—齐读”的形式，引导学生反复诵读，体会感情。接着，教师用声情并茂的语调讲述敌人丧尽天良、令人发指的罪行，学生由此理解了五壮士对敌人的仇恨之心和英勇豪迈的英雄气概。

在教学第六段“英勇跳崖”时，教师先请一名学生在悲壮的音乐声中有感情地朗读课文，营造课堂气氛。为了让学生进一步体会情境，教师用悲痛的语气讲述并引读五壮士是怎样跳崖的。随后，让学生找出这一段文字中应强调的词语。学生找出了“砸”“带着”“往下跳”等描写动作的词语。在此基础上，教师用激昂的语调引读五壮士跳崖时喊出的口号，让学生齐读结尾。铿锵有力的朗读声，将英雄的形象立于学生的眼前，学生的情感也随之得到喷发。

这个环节，教师紧扣“读”的训练，让学生“在读中感悟，在感悟中读”，很好地把音乐渲染、图文对读、语言揣摩、体会情境结合在一起，从而达到了披文入境、情文相融的学习效果。

三、促情

教师把握住学生情感升华的契机，进行语言文字训练，通过读文做题，使学生深刻理解课文所蕴含的情感，让语言文字训练与思想教育融合在一起，二者达到辩证统一。

句子的情感的传递主要凭借感受、意会、领悟。所以，在进行句子训练时，教师要巧妙设计习题，使学生在领会句子的语言形式的同时，受到句子的内涵、情感的熏陶。

在教学“英勇跳崖”时，教师先让学生带着问题自由读课文，从课文中找依据、找答案，使学生积极思考、理解五壮士当时的壮志豪情。接着，让学生分小组自由讨论，并完成尝试性句式练习。通过深情朗读，学生对五壮士的敬仰之情得到了进一步深化。

四、悟情

教师运用多种现代化教学手段，如录像、投影、录音等，使学生领悟到蕴含在课文中的深厚情感，使学生心灵得到洗礼、思想得到升华。

学完课文四五段，学生已完全沉浸在对五壮士的崇敬之情中。英雄们昂首挺胸的形象、惊天动地的壮举似乎凝固在空气中。在这种感动和沉默中，教师播放悲壮的音乐，用手势请全体学生起立，带着对五壮士肃然起敬之情齐读四五段，把无声的视觉文字化为震撼人心的有声语言。学生在听知过程中品味课文催人泪下的悲壮，在诵读过程中体会慷慨悲壮的情怀。读到口号处，同学们异常激动，像有人指挥似的，纷纷举起了握紧的拳头，仿佛自己就是五壮士中的一员，与英雄们心灵相通，感情相融。

在教学《狼牙山五壮士》这类情溢于文、催人泪下的课文时，教师要通过层层深入渗透，最大限度地激发学生的情感，使学生由被动学习变为自觉融入课文的情感氛围，从而在进行语言文字训练的同时，潜移默化地受到良好的思想品德教育。

小学语文教学中的教与学

教学实践活动从本质上来说，是教师和学生以课堂为主渠道的交往活动，是教师和学生在特殊教育情境中的自主探究活动。语文教学的目的是培养学生的听、说、读、写能力，在学生获取知识的同时开阔学生的视野，发展学生的智力，培养学生的道德情操、审美能力和爱国精神等。语文教学必须是“教”与“学”之和，要高度重视“教”与“学”之间的复杂关系，只有这样，语文教学才会更加富有成效性、创新性、艺术性、人文性和时代性。

一、摆正教师的主导地位

（一）创设和谐、宽松的课堂，做开放型教师

教师要重视创设学习语文的环境，营造融洽的氛围，构筑师生对话、生生对话、师生与文本对话、学生与自我对话的生动课堂。在教学《琥珀》一课时，教师从开始的导入到最后的总结，一直竭力给学生创设一个充满语文气息的课堂，让学生徜徉在语文的海洋中，释放自己。

“同学们，如果你是一位科学家，手捧这块晶莹罕见的琥珀，你的目光能透过它，穿越历史的长河，看到远古以前的情形吗?”“一件极为偶然的事故成就了这个奇特的松脂球。但它要变成化石还要经历沧海

桑田。认真读读课文，依据课文内容，展开你们想象的翅膀，想想这个松脂球历经了怎样的坎坷才变成美丽的琥珀。以‘松脂球的自述’为题在学习小组内说一说。”教师就是用这样准确、生动的语言串起整个课堂，学生在这样充满氛围的课堂里，与教师、与作者、与文本进行心灵的交流。学习完课文，教师鼓励学生给课文的琥珀插图配上标题。“风雨的见证”“永久的生命”“历史的影子”……精彩的标题从孩子们口中迸出，这就是课堂真正宽松、民主、和谐的结晶。

（二）成为平等中的首席，做合作型教师

教师应该成为学生学习的合作者、促进者、引导者和参与者，向“平等中的首席”转变。在教学中，师生互教互学，形成一个真正的“学习共同体”。课堂动态发展，教学真正成为师生富有个性化的创造过程。好的课堂充满了生命的活力，学生在其中可以充分地展现自己的个性、施展自己的才华。

在《棉花姑娘》中，棉花姑娘请了燕子、啄木鸟、青蛙来给她治病。为了让学生更好地体会棉花姑娘的心情，更好地了解故事情节，教师让同桌之间进行分角色表演。在教学生字“星”时，教师让学生当小老师。“写的时候，你会怎样提醒大家?”教师示范书写后，学生竞举手告诉老师应该怎样写才更漂亮。从这些小细节可以发现，在民主的课堂中，师生是互教互学的。

《丑小鸭》一课中，当学到丑小鸭看到天空中飞过的白天鹅又惊奇又羡慕时，教师戴上头饰变成“爱心天使”，来帮助丑小鸭实现梦想，孩子们便成了那只丑小鸭。教师丰富、活泼的语言让大家很快转换好了角色，来体会那份惊奇、羡慕。在课堂中，教师已不单单是知识的占有者、传授者和教育教学工作的策划者，而是成为融多重角色于一身的富有生命活力的新型教育者。

（三）开发与利用课程资源，做研究型教师

语文学习应当是一种语文综合素养的积累，单单学习课本知识是远远不够的。课程资源需要教师去组织、去开发、去利用，教师应当学会主动地、有创造性地利用一切可用资源，为教育教学服务。在《放弃射门》中，要体会福勒的人性美，一定要明白放弃射门意味着放弃成功、金钱。教师适时介绍贝克汉姆在一次比赛中踢进一个球得到的金钱，让学生一下子体会到福勒的伟大人格；在学完《丑小鸭》后，教师引出了这个故事的出处，并介绍大家课外阅读《安徒生童话》；《四个太阳》表达了作者美好的愿望，在课程的最后，教师配乐朗诵学生非常喜欢的《种太阳》的歌词，引出了话题“小朋友，你们有什么愿望”；学完《花的勇气》，学生深深地感悟到了生命的力量在于勇气，这时出示汪国真的《热爱生命》，更加激发了学生对生命的感悟，学生心中一定升腾起一股永不言败的力量。

二、确立学生的主体地位

学生是课堂学习的主人，应该让学生变被动地接受学习为主动地探究学习。自主学习强调的是自由、自主、创新。此外，学生的自主学习是有条件的——对学习语文的兴趣、学习语文的信心以及学习语文的习惯。

（一）激发学生自主学习的兴趣

在语文教学活动中，只有当学生把极高的热情投入学习活动中，才能碰撞出思想的火花，使课堂变得生动、轻松。一堂新课，学生开始时

总是兴趣极浓。教师要结合学生的这一特点，组织新颖的课堂“开场”，着力营造轻松愉快的学习氛围，把学生引入情境中，激发学生的求知欲和创造欲，为学生的学习活动做好情感上的准备。

教学《琥珀》时，教师是这样导入的：“同学们，唐朝著名诗人韦应物曾写过这样一首诗（课件出示）。”答案是“琥珀”。一个诗迷，不仅让课堂充满着“语文课”的气息，更是一下子把同学们的注意力吸引过来。接着，教师深情描述：“小小的琥珀，有着博大的心。他们从远古缓缓走来，历经千万年的风雨洗礼，见证了岁月的流逝，承载了历史的变迁。这节课，就让我们共同走入一块琥珀的传奇历程。”一番话让课堂充满着无穷的魅力。

再看《阿德的梦》，教师以轻松的谈话方式导入，谈到自己做了个梦，梦见同学们认真学习的模样，并一一进行表扬。通过这样的方式激励学生，让他们以更大的热情投入学习中来。随后，教师播放轻音乐，请同学们讲一讲自己印象最深刻的梦。课程伊始便营造了轻松愉快的学习氛围，学生自然会充满兴趣，全身心投入。

（二）培养学生自主学习的信心

自信心十分重要，学生如果能不断地体验到成功的快乐，就会对语文学习充满自信，就一定能学好语文。在教学《丑小鸭》一课时，教师是这样做的：“小朋友们，一群淘气的生字娃娃挡住了我们的去路。他们说，只要我们能叫出他们的名字，并给他们各找一个朋友，就放我们过去。大家有没有信心闯过这个难关？如果读得准确的话，我们就大声地跟着他读。读得不准确的话，我们就帮帮他。”同学们大声地读，自信心油然而生。

在阅读教学过程中，教师的赞赏、激励的评价语言也能激发学生积极主动地学习，对课文产生浓厚的兴趣，坚定学习的自信心。如对学生朗读的评价，不采用“读得不错，很好”这类笼统的评价语，而是根据学生朗读的实际水平评价，“读得有感情，把作者的心情都表达出来了”“语音很准确，声音也很好听”。对学生回答问题的评价要采用鼓励、引导、点拨、开窍等方法。在学生回答不正确或不完全正确时，这样评价：“这个问题，答对了一半，也是一份贡献，另一半，再想想，老师相信你一定会想出来的。”教师还要特别注意鼓励后进生主动发言，而且在发言的质量上不要提太高的要求。这样来进行评价会让学生感到态度诚恳，评价中肯，进而产生主动求知的心理冲动，树立起学习的信心，以良好心态进入学习，产生意想不到的效果。

（三）培养学生自主学习的习惯

良好的阅读习惯对形成阅读能力有着重要的积极作用。良好的阅读习惯一旦养成，便会成为个人的宝贵财富，终身受用。学生可以在大量的、自主的语文实践中，渐渐领悟、习得、积累一些好的学习方法，养成一些好的学习习惯，甚至学会运用适合自己的方式学习语文。

《阿德的梦》是二年级的一篇阅读课文，重在培养学生的阅读习惯与能力。在初读课文时，教师出示了一个步骤非常清楚的自学提示，并训练学生用默读的方法进行自学。虽然是低年级，但逐步掌握默读的方法是有必要的。学生自学完，教师并不急着交流学习的成果，而是进行小组学习。这样的小组学习卓有成效，体现了组长的组织能力和成员间的合作，训练非常细致到位。学习《花的勇气》一课时，教师通过三次自读课文的方式，让学生逐步读懂课文。一读理清文章脉络，二读了解作者情感变化，三读细细品味文章，与作者产生共鸣。

在这样一些训练中，学生逐步掌握了自主学习的方法，良好的学习习惯也在潜移默化中养成了。不知不觉中，学生真正成为学习的主人、课堂的主角，他们的主动性和创造性真正被激发出来，从而转变成一种自觉的学习方式。最终，学生在课堂中得到发展，达到会学语文的目的。

提高小学语文阅读教学效率的策略

随着国家“双减”政策的颁布，如何贯彻落实“双减”，改变以往费时低效的状态，充分发挥学生的主体能动性，提高课堂效率，做到因材施教，让学生得到终身发展，成为教师研究的课题。

一、教师转变观念，少约束，还学生主体地位

教学观念的转变是新时代教育发展的必然要求，是教育改革与发展的关键。有什么样的教学观念，就能培养出什么样的学生。然而，有的课堂中，教师总是给学生太多束缚，让学生缺少了自主、创新学习的机会。

特级教师周一贯曾说：“课堂教学不仅要把学生看成不只是‘认知体’，也是‘生命体’，更要唤起这些生命体进入状态，而不能还在‘沉睡’或者‘昏迷’之中。”那么，在语文课堂中，教师应该成为学生学习的合作者、引导者、参与者和促进者，让课堂成为学生展现自我、发展自我的平台。学生在此过程中，将从被动地接受知识的状态转变成主动学习的状态，真正成为学习的主体。

在教学《称赞》时，因为小獾这种动物在学生的生活中很少见到，

教师贴图进行介绍，有两名学生边举手边说“我知道”，教师停住了自己的介绍，让这两位同学先说，等学生说完，教师肯定他们“能利用课外书找资料来学习非常好”。这看似简单的举动，既保护了学生的学习热情，又充分肯定了学生好的学习方法。课堂上，学生就是主人，就是展示的主体。

在教学《蜜蜂》时，教师课前先让学生搜集有关法布尔《昆虫记》的资料，课上让学生自主探究法布尔的实验目的、实验过程与实验结论。然后引导学生紧抓要点，层层突破，相机点拨引导，指导朗读，感悟法布尔用词的准确性，体会他作为一名科学家善于思考、严谨求实的科学态度，启发学生要心怀这样的良好品质，叩开科学的大门。

二、教师改变教法，少提问，还学生学习时间

语文是一门兼具工具性和文学性的学科。要想真正掌握好这个工具，就不能以教师的讲来代替学生的读，更不能以教师的问来代替学生的思、代替学生的练。语文课应尽量压缩教师的讲解和提问，把大量的时间用到学生字、词、句、段、篇和听、说、读、写的训练上去。只有这样，才能真正发展学生的语文核心素养。

（一）字、词、句、段、篇的训练

要读懂一篇文章，首先要弄懂字、词、句、段的意思。低年级段，重点抓字词训练。到了中年级段既要让学生理解和掌握字、词、句、段本身的含义，又要明白它们之间的关系，尤其是重点段在全篇所起的作用和其他段的关系。到了高年级，教学的重心要往篇章上转移。全国小学语文教学研究专家吴立岗说，中、高年级阶段，必须培养学生分段的

能力、概括主要内容和中心思想的能力。新课改要求淡化以前的老观念，但并不是说不做训练。

在教学《母鸡》时，教师让学生找到开头第一句和结尾段，质疑：读了句子，有什么疑问？学生带着疑问，快速读课文，完成练习：我一向讨厌母鸡，讨厌她（　　），讨厌她（　　），讨厌她（　　）。我不敢再讨厌母鸡了，是因为（　）。这样的训练，让学生通过初读课文，了解了课文的大意，理清了文脉。接着，抓住课文前面部分的中心句“我一向讨厌母鸡”以及后面部分的中心段“我不敢再讨厌母鸡了”，前后对比来学习课文，让学生注意到了重点句段在全文的作用。

（二）语文能力的训练

语文能力的训练，即听、说、读、写能力的训练。听、说、读这三方面的训练，教师在课堂中注意得多，写的方面要忽视一些。对于中、高年级，教师应该引导学生写感悟、写要点、写心得、写自己的观点与认识，从而使语言的训练落到实处。在教学《秋天的雨》时，教师引导学生展开想象，在书上续写：你的脚被勾住了，会是什么样子呢？你会怎么做、怎么想？这个训练点很符合三年级孩子富有童趣的特点，可以让学生充分想象，有话可写。在教学《肥皂泡》时，教师这样引导——这些轻清脆丽的小球在冰心的笔下是如此有趣：它们飞向蓝天，亲近明月；渡过天河，追逐太阳；飘过大海，飞跃山巅……泡泡带着自己的好奇和梦想，自由自在地去自己想去的地方。它们还有哪些美丽的去处呢？拿起笔来，把你想到的写下来。从学生的发言中，能够体会到美丽的肥皂泡仿佛就是作者和小伙伴们的化身，带着希望和梦想，在自由地飞翔。

（三）语言品格的训练

“语言品格”这个词平时很少提到，但在教学中教师每节课都会训练到，即语言的具体性、生动性、灵活性、形象性、严密性、完整性、准确性、简洁性和条理性等。比如从一年级开始，教师有意识地训练学生说完整的话，经常在课堂中要求学生用词语进行一词多义的练习。在教学习作《国宝大熊猫》时，教师要求学生在查找资料、介绍特点时，一定要做到内容准确、表达生动。这其实就是语言品格的训练。

（四）语感的训练

训练语感的方法有很多，但主要是靠多读，特别是朗读，要将语调、语气、情感读出来。朗读是要让学生有一个理解、感悟、体验的过程，读时使生动的画面出现在眼前，领悟到语言蕴含的深意、情趣、感情，增强学生的语感。教师应该在课堂上多读，配上音乐，声情并茂地朗读，带领学生一同进入课文情境。

值得重视的是，要培养学生完整的阅读能力，不仅要注重朗读，还必须重视默读。默读能真正培养学生的阅读能力，学生能静下心来思考。从二年级开始，课标就提出了要进行默读的训练，到了高年级更应该重视默读。

三、教师指导学法，少讲解，引导学生学会学习

叶圣陶先生曾经说过：“凡为教者必期于达到不须教，教师所务唯在启发引导，使学生逐步增益其知能，展卷而自能通解，执笔而自能合度。”要做到这点，教师就要加强对学生的学法指导，根据文本、学生的特点，引导学生主动参与学习活动，领悟方法并获取最有价值的知

识，最终达到自主学习的目的。

（一）教授学习方法

正确地掌握学习方法，是获得学习能力的关键。教师帮助学生掌握阅读的方法，提高学生的阅读能力是非常必要的。教师应教授学生阅读课文的思路，同时要在评价、小结语中，渗透给学生方法，并给学生实践的机会。这样，课堂教学效率将得到显著提高。如教学《掌声》时，教师引导学生抓住人物的动作、神态，能更好地了解、体会人物的内心世界。

（二）注重自学指导

课堂上，教师应精讲多练，让学生多参与、多体验、多实践。只有这样，才能最终提高课堂教学的实效。学法指导要按学生的认知规律，遵循由“扶”到“半扶半放”再到“放”的原则，使学生从“学”到“学会”再到“会学”。在教学《跨越海峡的生命桥》时，教师设计了这样的阅读提示：默读课文 3 至 5 自然段，把感动你的词语或句子画出来，反复读一读，在旁边写下一两个关键词，再和同学交流。这个提示告诉了学生五个自学的步骤，一个标点一个提示，简单、明了，体现了自主学习和合作学习。在平时的课堂中，有的教师在引导学生自学方面做得还不够，每节课都应该规定给出多少时间让学生根据教师的提示自己去学习。长此训练，学生也就掌握了学习方法。

（三）重视知识积累

语文教学不同于别的学科，学生要在不断的知识积累中，提高语文素养。在教学《秋天的雨》时，教师引导学生积累课文里描写颜色的词语，结合课文内容拓展积累谚语：一场秋雨一场寒，十场秋雨要穿棉。并且这一句谚语就在当天黑板上的“采蜜园”里。语文教师都应该在黑板上设置一个“采蜜园”，学生日积月累，一定会有很多的收获。

四、教师注重写法，少牵引，帮助学生掌握写作

语文教学的“终极价值”在于迁移运用、练习表达。语文教学的主要目标和任务是“培育学生正确地理解和运用祖国的语言文字，提高学生的语文素养”。如果教师经常引导学生讨论“怎么写”，久而久之，学生不仅能在阅读中汲取更多的营养，还能对人文内涵有更深刻的认识，从而提高阅读的效率。

（一）从单元导读入手

单元导读，实际上就是将本单元的中心、作者的表达方式进行集中介绍，让学生整体感知。每个单元揭示的中心、主题是相同的，但不同作家的表达各有特点，这就是在提示学生学习表达。

（二）从文章特点入手

在教学课文《母鸡》时，引导学生回到单元主题（这个单元的主题是作者笔下的动物，每一篇文章的内容和表达方法各不相同，但都表达了相同的情感）。接着出示语文园地中“我的发现”里的句子，引导学生讲出作者的写法——表面上写不喜欢，实际上写出了喜爱。然后再问学生，在我们的生活中有没有这样的写法？这实际上是在指导学生迁移运用。最后，让学生将“讨厌母鸡”这一段改写一下，变成“喜爱母鸡”。这样，不仅引导学生总结、归纳作者的表达方式，而且指导学生去运用这种表达方式。

每一个学生都是一个鲜活、独特的生命个体，教师只有转变观念，不断提升，才能引导学生学会学习，才能在课堂上实现减负提质，小学语文课堂才会充满生命力，变得生机盎然。

小学语文阅读能力的提升

作为小学生必修的一个重要学科，语文教学一直备受教育界的重视。阅读教学是我国小学阶段语文课程的关键。阅读能力直接关系到小学生语文学习的各个方面，与小学生的未来发展有着非常密切的关系。小学生阅读水平和能力的提升可以很好地促进小学生语言的运用、视野的开拓、综合素质的加强。但当前在阅读教学中也存在着一些突出的问题，如何才能改变这一现状，有效地提升小学生阅读水平呢？

一、小学语文阅读能力培养的必要性

（一）培养语文阅读能力提升学习效率

课前阅读可以帮助学生达到预习的效果，让学生对新知识留有印象，让课堂教学更有效率。课中阅读是对知识点的理解与掌握的提升，能帮助学生突破学习中的重点、难点，教会学生如何分析和解决问题。课后阅读则是一个很好的复习方式，可以让学生对课堂内所学的知识进行复习，加深理解。

（二）培养语文阅读能力提升综合素质

培养语文阅读能力，不仅能够有效地提升和丰富学生的语文知识储备，还能有效地开阔眼界、提高综合素质与表达能力。语文教师可以通过阅读教学，帮助小学生掌握新的词语与句子，了解课文中的语言形式和表现形式，更好地学会表达，从而提升其综合素质。

（三）培养语文阅读能力提升鉴赏水平

在小学的语文教学中，教材内选取的课文属于不同题材和体裁。课文中有着许多有趣的人物形象、语言主旨，需要教师对学生进行指导，帮助学生理解和体会。教师在引导和鼓励学生对课文内容进行理解的同时，还能很好地帮助学生建立一个良好的审美观，提升其文学鉴赏能力，为之后的学习奠定文学鉴赏基础。

二、小学语文阅读教学面临的问题

（一）思想固化，重视不足

虽然新课改已实行了一段时间，教师也陆续对教学方式进行了调整，但由于受传统教育理念的长期影响，许多语文教师形成了固化的教育思想，教育理念仍然停留在过去，喜欢让学生对理论知识进行反复抄写和背诵，用这种死板的方式来进行语文教学。这样的教学对于学生来说十分枯燥无聊，容易让学生丧失学习兴趣，甚至抵触语文学习。同时，教师对语文教学的基础知识更为重视，忽略了小学语文阅读的重要性，为小学语文阅读能力提升带来了很大的困难。

（二）范围过窄，内容受限

随着教育政策的实施，教育事业得到了发展。语文新课程改革后开始推行的情境式教学模式与传统的教学模式不同，教学的中心从教师变为学生。这就意味着，语文教师需要对其教学内容进行不断的提升与丰富，还要在语文课堂上给予学生自主学习的机会，通过这样的方式去培养和锻炼他们的自主学习技巧与能力，其中阅读教学至关重要。但从目前来看，语文教师在课堂中还是以理论知识教学为主，阅读教学占比很小，课堂上所花时间不多，且阅读部分的内容也限制在教材当中。

三、小学语文阅读能力的提升策略

（一）创设教学情境，培养浓厚兴趣

兴趣是最好的老师，也是学生掌握知识的核心动力。若能充分激发出学生对于语文阅读的兴趣，就能够很好地帮助他们培养自主学习的能力。因此，要潜心地设计教学内容，创造丰富的教学情景，激发学生的阅读兴趣。

第一，要精心地设计导语。一段适宜学生心理特点并且能够牢牢地抓住其好奇心和求知欲的导语，才能引起学生对于阅读的巨大兴趣。例如在给学生讲授《雷雨》这篇文章时，教师可以让学生描述他们所经历的刮风、下雨时的场景。这一情境的创设能够立即有效地调动整个课堂的气氛，激发学生的积极性和阅读兴趣。第二，可以采用灵活多样的阅读方式，为学生创设有吸引力的学习环境。如《听听秋的声音》这篇课文题材非常贴近生活，教师可以根据授课期间的情况，安排学生外出实景教学，让教学内容更有乐趣，也更为真实，学生自然会对教学内容和阅读产生兴趣。教师还可以充分结合学生的不同年龄特征和语文教材的内容特点，采用多种形式充分调动学生的阅读兴趣，为学习朗读课文的方法、培养写作技能打下良好的阅读基础。

（二）朗读默读结合，掌握正确方法

在进行小学生的语文阅读训练时，掌握正确的阅读教学方法非常重

要。尤其应该注意朗读与默读两个环节的巧妙运用，它们对于培养小学生的语文阅读水平起着至关重要的作用。

朗读活动是学习和培养良好语感的最佳方式，在朗读活动中，引导学生把文字还原成思想、形象和画面，有利于他们认识和理解字、词、句、段在具体语境中的某些特定意义和功能。默读要求阅读的速度快，在阅读的过程中对于每一篇文章的含义及作者的感情都要进行更加深入的思考。长此以往，学生就能在潜移默化中学习各种语言表达的规律与技巧。

在不同的教学场景中，教师可以选择不同的阅读形式，如抒情意味比较强的话语以朗读为主，叙事意味比较强的话语以默读为主；以欣赏、记忆为目的的文章，以朗读为主，以了解内容为目的的文章，以默读为主。同时，在引导学生阅读时，要使其熟悉并掌握基础的阅读知识与方法，做到“眼到、口到、耳到、手到、心到”，从而促使学生真正懂得阅读。

（三）巧借平台激趣，提升鉴赏水平

随着现代科学技术的迅速发展，多媒体技术也在各个领域中得到了广泛运用。情境式教学法是一种推崇多媒体教学的方法，可以通过制作有趣的 PPT 、观看与教学内容有关的视频或者是动画等，激起教师和学生对于阅读教学的兴趣，让教师和学生主动地参与到阅读活动中。

不仅如此，教师还可以定期组织一些关于阅读的活动。比如举办图书故事会，学生们可以在故事会上分享自己在阅读时所看到的有趣的文章和故事，还可以进行情景剧表演，让阅读活动更有乐趣和新鲜感。但是对活动内容的制定不可以太过于硬性，教师要尽可能地减少干预，只在必要时引导学生。教师也可以借此机会组织一些诗朗诵活动，提升学生的阅读趣味性，拓宽学生的阅读题材，让学生欣赏更多的文学作品，提升自己的鉴赏水平。

教师还可以利用一些题材适合的文章，组织学生对课文进行续写和演绎。例如《小壁虎借尾巴》等课文，角色生动有趣，台词不多，学生能够很快记住大致的对话内容进行表演。这不仅使学生对于课文内容的记忆更深刻，也能够帮助学生更好地了解文中人物的内心，使课堂变得有趣，人人皆可参与。

（四）挖掘推荐好书，强化内外结合

想要有效培养和不断提高学生的课外阅读技巧，光靠课堂上学习几十篇课文是远远不够的，教师还必须通过有意识地启发和引导，培养学生对于课外阅读的浓厚兴趣，让学生广泛阅读。

优秀的文学作品不仅可以有效地激发学生对于阅读的兴趣，并且还能有效增强和培养学生对于文学的阅读鉴赏能力。但是，并非所有的图书都适合小学生阅读，即便是小学读物也需要按照学生的学龄段进行鉴别和推荐。教师可以与学生进行沟通，简单地询问学生爱看什么类型的书籍，大概筛选一下，什么书适合精读，什么书适合泛读，如何有效地进行课内外阅读的结合，怎样去发掘文学美、感受语言美、探索意境美。但无论采用什么样的方式来阅读，其目标和宗旨都是培养小学生的语言表达能力，强化小学生语文阅读的能力，进一步吸收语言的精华，逐渐去体会和品味语言文字的魅力。

总之，培养浓厚的阅读兴趣，掌握正确的阅读策略，课内外相得益彰，对于培养小学生的阅读技巧具有重大意义。因此，教师应该尽一切努力去探索阅读教学的有效路线，让学生爱上语文，爱上阅读，让语文阅读课不再枯燥乏味，而是充满着学生的欢声笑语。

发挥多媒体在语文活动课中的优势

素质教育是当前基础教育改革的主旋律，而语文活动课在小学语文教学实施素质教育方面占有非常重要的地位。它不同于语文学科课，又异于语文课外活动课，是以语文知识为载体，以培养和发展学生的兴趣、爱好与特长为目的的课程，具有趣味性、综合性、实践性、自主性等特点。近几年的实践证明，运用多媒体优化语文活动课，是一种行之有效的方法，多媒体在语文活动课中显示出其特有的优势。

一、运用多媒体，突出语文活动课的趣味性

兴趣是学生探索、追求知识的动力，它能唤起学生参与活动的欲望，启发学生的思维，使学生主动地获取知识。因此，激发学生的兴趣是开展好语文活动课的关键所在。而良好的氛围能促进学生的聪明才智得到最大限度的发展。这就要求教师结合新颖独特的活动内容，选择灵活多变的活动形式，创设和谐欢乐的活动氛围。

在教学活动中，教师可以借助多媒体以新颖、有趣、富有吸引力的内容和形式来激发学生的学习兴趣。例如五年级《赞春》活动课，上课伊始，教师面带微笑地说："同学们，春天已越过高山，蹚过小河，爬上树梢，悄悄地来到人间，让我们到这美丽的景色中去看看吧！"接

着，播放配有江南丝竹音乐的春景录像，并相机解说："我们来到花园里，看到——白的梨花，红的桃花；来到山坡上，看到——小朋友在植树；来到小溪边……"学生愉悦地看着，露出了会心的微笑。录像放完后，教师不失时机地提出："当春天来到大家身边时，大家肯定特别高兴，让我们在这美好的春天里说说春天、赞美春天。"适时的音乐陶冶、形象的画面欣赏、生动的语言感染，使学生心旷神怡，在轻松愉快的氛围中激发起他们参与活动的积极性。

二、运用多媒体，强调语文活动课的自主性

学生是语文活动课的主人，教师要创造条件，充分发挥学生的主动性，让学生在活动课中感受、领悟，依靠自己的智慧参与语文活动课，独立地获取知识。多媒体很好地解决了这一问题。如组织《音序编码用处大》活动课时，先布置学生进行社会调查，看哪些领域应用了音序编码。教师事先录制了介绍音序编码的视频、音频。活动时采取小组竞赛的形式，每轮竞赛前先看一段有关内容的录像或录音，再进行抢答、讨论、补充。

在《家乡导游》活动课中，教师充分利用多媒体的优势，注重学生个体参与，最大限度地发挥学生的个性特长。在活动的准备过程中，教师让学生进入"角色"，根据要求准备：通过什么途径去了解家乡？从哪些方面介绍家乡？学生自己绘制家乡导游图的幻灯片，录制体现家乡变化的磁带、录像，拍下家乡变化的照片，写好解说词。教师先让学生分组活动，人人当导游，带领组员游览自己的家乡；然后集中活动，由各小组推选出来的最佳导游借助幻灯片、投影仪来展示。这种做法既满足了不同层次学生的需求，也为发挥学生个体才能提供了很好的机

会，充分调动了学生的积极性和创造性。

三、运用多媒体，坚持语文活动课的实践性

认识来源于实践，实践又能深化认识。开展好语文活动课的关键是注重学生的实践操作。多媒体为学生创设了动口、动手、动脑的条件，让他们在操作、表演中发挥自己的特长、爱好、兴趣，促进了学生素质的全面提高。如《树叶剪贴画》一课，教师指导学生根据自己的爱好剪一剪、摆一摆、画一画、贴一贴，喜欢什么就制作什么。学生在做中学、玩中学，解决问题的能力和操作能力均得到了培养。活动最后，教师通过实物投影仪来说一说、写一写学生的作品，他们看到自己的劳动成果被展示，感到非常高兴，兴趣更浓，个个跃跃欲试。

又如《小小配音员》语文活动课，教师录制了学生们很喜欢的动画片《机器猫》的两个片段。上课时，先让学生欣赏其中一个片段，注意人物说话的口型、神态和动作。再观看第二个片段，请同学们按照故事的主要内容，展开合理的想象，思考符合剧情的台词，再分组讨论台词，最后放录像，进行配音比赛，取得了良好的效果。

多媒体为学生提供了听、说、读、写、演的机会，创造了语言实践、亲自操作和自我发展的空间，对提高学生的语言表达、思维和想象能力极为有益。综上所述，在语文活动课中，把握课程特点，恰当地使用多媒体，发挥多媒体形象生动、直观准确的优势，能提高课程质量，更好地落实素质教育的要求。

小学语文家庭作业的趣味化设计

子曰："知之者不如好之者，好之者不如乐之者。"这句话强调了兴趣的重要性。兴趣是最好的老师，有了兴趣，任何事情都不会成为负担，家庭作业更是如此。教师在教学中充分尊重学生的主体地位，注重调动学生的积极性，精心设计家庭作业，学生在良好的情绪状态下完成作业，这样，家庭作业不仅不是负担，反而成了一种乐趣。

一、发挥想象，大胆创新

想象能让人的思想插上自由翱翔的翅膀，突破时空的界限，达到"思接千载，视通万里"的奇妙境界。九年义务教育全日制小学语文教学大纲（以下简称新大纲）指出："要鼓励学生写想象中的事物，激发他们展开想象和幻想，发挥自己的创造性。"教师在教学中要重视对学生想象力的培养，同样，在家庭作业的设计中，也要把培养学生想象力摆在重要位置。

（一）根据课文内容续写故事

续写课文是家庭作业的一个重要形式。许多课文的结尾言已尽而意无穷，鼓励学生沿着作者的思路续写下去，既巩固了课文所学的知识，又拓宽了学生想象的空间。如学习《跳水》这篇课文后，教师设计了这样的作业："孩子爬上桅杆后，你有更好的办法帮他脱离危险吗？请将你的好办法写下来。"孩子们仿佛成了一位位小作家，纷纷把各自心中独特的想法、见解写下来。

（二）联系课文进行角色移位

在许多课文中，一些内容是用精炼的文字一笔带过的。教师可以以此为契机，让学生把自己想象成文中的人物，详尽、细致地描述具体情形。如在《幸福是什么》这篇课文中，三个牧童十年的活动只是通过人物很简略的话语描述出来。那么，这三个牧童到底是怎样度过这十年的呢？教师布置了这样的作业："请用《分手之后》为题，进行想象作文，把自己想象成其中一个牧童，用第一人称的写法描述他十年中所做的工作。"交上来的作业是令人颇为满意的，既联系了课文的内容，又让学生参与到作品中，写出了自己对幸福的体验、看法，字里行间洋溢着真情实感。

（三）训练学生反思质疑

斯宾塞指出："教育中应该尽量鼓励个人发展的过程。应该引导儿童自己进行探讨，自己去推论。给他们讲的应该尽量少些，而引导他们去发现的应该尽量多些。"发现事物的"新联系""新动向"是创造性思维的最本质特征。教师在教学中要纠正学生对各种事物的固有认识，清除思维定势的负效应，引导他们从新的角度去重新思考、重新分析。学习《落花生》后，学生充分理解了文章的中心思想以及作者托物言志、以物喻人的写法。教师引导学生反向思考、大胆想象，完成了一道这样的作业："想一想，做一个既讲体面又对社会做出贡献的人有什么不好？请你写出自己的看法。"学生通过反思，赋予文章以新的意义。

虽然有些学生的看法并不成熟，但在理解与借鉴上也会有所突破。

（四）抓住空白情节进行描述

在课文中，作者往往因表达需要而留下情节空白。教师可以让学生根据上下文去揣摩、想象出空白的情节。在学习《诚实的孩子》后，学生知道了列宁打碎花瓶后，写信向姑妈承认了错误。课文留下了列宁给姑妈写认错信的情节空白。于是，教师布置了这样的作业："请你替列宁向姑妈写封认错的信。"学生很感兴趣，从他们写的信中，我们可以欣喜地发现，这个作业不仅训练了学生的想象能力、表达能力，还训练了学生的创新能力，培养了学生诚实的美好品德。

从这样的作业中可以看出，当学生对作业产生了极大的兴趣时，他们就乐于表达，其间闪烁着创造、想象的火花。正如赞可夫所说："只有在学生情绪高涨，不断要求向上，想把自己独有的想法表达出来的气氛下，才能产生使儿童的作文丰富多彩的那些思想、感情和词语。"人类的创造性活动总是伴随着想象，"想象力比知识更重要，因为知识是有限的，而想象力概括着世界上的一切，推动着进步，并且是知识进化的源泉"。

二、自主学习，勇于实践

新大纲指出："学生是语文学习的主人。在教学过程中，要加强学生自主的语文实践活动，引导他们在实践中主动地获取知识，形成能力，避免繁琐的分析和琐碎机械的练习。"语文学习的天地很广阔，它的外延与生活的外延相等，把语文教学的触角伸向小学生生活的每一个角落，让学生在熟悉的日常生活中汲取营养、学好语文，可以达到事半功倍的效果。教师应把作业设计与社会生活相联系，以解决实际问题为导向，以培养实践能力为重点，为学生创设大量的实践机会。

（一）动手做一做

学习《乌鸦喝水》后，教师让学生“当当聪明的乌鸦，把小石子一个一个衔到瓶子里，看看瓶子里水的变化”。第二天，学生纷纷表示：“实验成功了，瓶里的水升高了，乌鸦真聪明。”从学生的口中可以得知，实验激发了他们的学习兴趣，使他们进一步理解了课文内容，在讲解实验的过程中内化、运用了语言。这样的实践活动，既能开阔学生的视野，扩大学生的生活空间，营造创造性的氛围，又能促使学生将知识应用于实践，加强其分析解决问题的能力。

（二）动手画一画

儿童天性活泼好动，喜欢用画笔把自己的想法表达出来。在布置写日记的作业时，教师既要求学生写出简短的记叙文，又要求他们画下与日记内容相称的图画，图文并茂，生动形象。再定期让学生交流各自的图画日记或办图画日记展评。这种图画日记的形式一改令学生头疼的作文呆板面孔，激发了学生细致观察生活、精炼选材、准确表达的兴趣，培养了学生的观察能力、审美能力，锻炼了学生作文选材及概述能力，发展了形象思维。

课内外结合，学生自主学习，主动参与，主动发展，真正成为学习的主人。陶行知说：“行动生困难，困难生疑问，疑问生假设，假设生试验，试验生断语，断语又生了行动，如此演进于无穷。”在实践中，学生易于遇到新困难，产生新问题，而解决这些问题的过程就是创新的过程。多让学生实践，能够使学生养成主动思考、认真分析、独立解决问题的习惯，提高其创新能力和水平。

三、查查找找，拓宽知识

素质教育要求教学内容不应局限于教科书，凡是有助于理解新知识、培养新技能的现实生活中的一切教育资源，都可以为我所用。新大纲明确指出："要充分利用现实生活中的语文教育资源，优化语文学习环境，努力构建课内外联系、校内外沟通、学科间融合的语文教育体系。"生活中处处有语文，处处要用到语文，有取之不尽、用之不竭的语文教育资源。所以，在教学中，教师要教育学生不要满足于书本知识，并且引导学生到处查找、收集与学习内容有关的知识。

（一）翻阅工具书和资料书

学习《北京》一课后，教师让学生"收集有关北京的名胜古迹和现代建筑的风光图片、介绍资料或旅游照片，并当当小导游，介绍图上的风光"。第二天，学生带来的资料让人目不暇接，讲得令人惊喜万分，他们也从众多资料中激发出了"北京真美丽，我爱北京"的美好感情。学习《春雨》之前，教师设计了这样的作业："请翻阅资料，查找雨形成的原因，并将答案写下来。"第二天上课时，学生们异常活跃，一个个都成了自然科学家，纷纷比赛谁说得更清楚、更精彩。

（二）上网查找学习资料

互联网的迅猛发展大大降低了信息获取的成本和门槛，教师要鼓励学生分成学习小组上网查找学习资料。在学习《颐和园》之前，教师让学生上网查找有关颐和园的各种资料。第二天上课时，学生成了小老师，滔滔不绝地介绍着颐和园。由此可见，学生能独立自主地完成作业，并从中找到无穷的乐趣，培养搜集资料的能力和探索精神。

四、参与表演，体会感情

教材中有许多故事情节较强或适合表演的课文，教师不妨让学生自由组合，表演课文内容，排课本剧，让学生在表演过程中结合自己对课文内容的理解，内化语言，将无声的文字塑造的人物表现出来，感受语文教材丰富的思想内容和人物形象美的丰富内涵。

学习《小蝌蚪找妈妈》后，教师让学生自由组合，表演小蝌蚪与妈妈相见以后的情景，并且要比一比谁演得最生动、逼真，谁的想象最合理。学生排练认真，演得精彩，兴致盎然。他们在自主参与、亲身体验中提高了阅读能力，接受了思想教育，获得了情感熏陶，发展了思维能力，个性特长得到充分发展，创新能力也得到了应有的培养。

五、感情朗读，培养语感

新大纲指出，要让学生对阅读有浓厚的兴趣，阅读程度适合的文章。要让学生充分地读，在读中整体感知，在读中有所感悟，在读中培养语感，在读中受到情感的熏陶。因此，不管是在课内，还是课外，教师都应重视指导学生朗读文章。

对于每一篇课文，学生都要大声、有感情地朗读，还要背诵一些文质兼美的文章。教师要注重学生对课外作品的阅读与积累，要求“每天在家读 10 分钟课外作品，遇到自己非常喜欢的文章可以利用课前 5 分钟上台来朗读、背诵”。这样，不仅训练了学生朗读的技巧和语感，而且锻炼了学生的胆量与能力，同时也积累了语言，让学生学会了读书，终身受益。

以上的作业设计融想象、绘画、朗读、表演、实验等于一体，将学生从单一的“写”的作业中解放出来，使学生真正成了学习的主人。这样的作业不但激发了学生浓厚的兴趣，为学生营造了趣味盎然的空间，而且培养了学生动手、动脑、想象、创新、思维等诸方面的能力，使爱生减负落到了实处。

综合实践活动课与语文实践活动课的异同辨析

教学是一门值得探究的艺术。就综合实践活动课而言，研究才刚刚起步，有很多值得探索的内容。辨析综合实践活动课与语文实践活动课的异同，能够更好地帮助我们了解综合实践活动课实施的策略，解决实施过程中存在的问题。

一、综合实践活动课与语文实践活动课之同

“实践活动”是两种课程的共性，二者均能采取“自主、合作、探究”的学习方式。《小鬼当家》《成语大本营》《走进百家姓》是活动终结的汇报课，采用了交流、互动的方式。其中，《小鬼当家》由两位学生主持，《成语大本营》《走进百家姓》由教师主持。殊途同归，基本达到了实践活动课程的情感和能力目标。

《义务教育语文课程标准（2011 年版）》指出：“学生是学习和发展的主体。语文课程必须根据学生身心发展和语文学习的特点，爱护学生的好奇心、求知欲，鼓励自主阅读、自由表达，充分激发他们的问题意识和进取精神，关注个体差异和不同的学习需求，积极倡导自主、合作、探究的学习方式。”由此也可看出二者的相似点。

两种课程都有开发与利用课程资源的任务。《义务教育语文课程标准（2011 年版）》指出："语文教师应高度重视课程资源的开发与利用，创造性地开展各类活动，增强学生在各种场合学语文、用语文的意识，通过多种途径提高学生的语文素养。"综合实践活动课没有统一的"教材"，现仅有湖南省教育科学研究院开发的各年级学生的学习"资源包"。它仅为教师提供了方法指导，为学生活动提供了引导。综合实践活动课从理论上来讲，是不需要"学科化"教材的，而是需要教师以学生的问题意识为出发点，从"研究性学习、社区服务与社会实践、劳动技术教育、信息技术"四大领域中去开发活动主题。

综合实践活动课的内容开发可与学科课程相结合，因为综合实践活动课的目标之一是要求在活动中体现学生综合运用学科知识的过程。找到综合实践活动课与语文课的最佳结合点，能充分发挥两类课程各自的优势，做到相互渗透，相互促进，相互提高。《小鬼当家》《成语大本营》《走进百家姓》等三节综合实践活动课单单从题目上就能找到语文课的影子，更不用说课中的环节设置了，当然也不能否定综合实践活动课与信息技术、美术、数学、体育等学科的整合与渗透。再者，综合实践活动课可以结合使用。《义务教育课程标准设置实验方案》指出："综合实践活动是国家规定的必修课，其具体内容由地方和学校根据教育部的有关要求自主开发或选用。综合实践活动的课时可与地方、学校自主使用的课时结合在一起使用，可以分散安排，也可以集中安排。"由此可见，综合实践活动课与其他学科课程是你中有我、我中有你的关系。

二、综合实践活动课与语文实践活动课之异

综合实践活动课与语文实践活动课既然是两门不同分支的学科，那么我们应该认真区分它们的不同之处，准确地把握综合实践活动课的特点，有的放矢地带领学生开展活动。

学科不同。综合实践活动课是一门独立的综合性学科；语文实践活动课从属于语文学科四个板块中的“综合性学习”。

目标不同。综合实践活动课以塑造学生完美人格、培养学生创新精神和实践能力为基本目标，在情感态度方面，重点培养学生关心他人、关心社会，积极参与社会，勇于承担社会责任和义务的态度，培养合作精神和自我发展意识；在能力方面，着重培养学生的研究能力、创新能力、独立思考能力、解决问题的能力、各种形式的表达能力、搜集和处理信息的能力、人际交往能力以及动手操作能力等；在认知方面，主要是通过探究学习，发现和获得知识。即不再是以学生学习间接经验为主，而是以获得直接经验为主。语文实践活动课则是语文学科中的一个板块，它的课程基本理念应该落在“全面提高学生的语文素养”上。

形式不同。综合实践活动课分活动准备阶段：以提出问题，形成活动主题，制定活动方案为内容；活动实施阶段：以进入活动，搜集与处理资料等为内容；活动终结与交流阶段：对活动成果、活动过程、资料、体验等进行总结，多以表达与交流的形式出现。综合实践活动课安排有很大的灵活性，以学生调查、采访、观察、实验等形式，小组集体参与活动，特别看重活动过程中学生产生的丰富多彩的、活生生的情感体验，以及获得的自身经验。语文实践活动课中，小组合作也是首选的方式之一，但不排斥班级授课的形式，而综合实践活动课则避免课堂主

题化，避免学生不通过社会实践、不参与活动就可获得答案，教师在课堂上就能操作的主题。语文实践活动课的开展并不排斥这些内容。

《小鬼当家》《成语大本营》《走进百家姓》这三节课应定名为“综合实践活动课”，而不能定名为“语文实践活动课”，否则就可归到语文学科赛课之中了。既是综合实践活动课，在活动终结与交流阶段，就应该体现实践性、综合性、开放性，关注学生的感受和体验，关注课堂的生成性。

在《小鬼当家》活动中，教师引导学生参与到家庭生活中，使学生认识到每天的琐碎家务中有着许许多多的学问，从而也能在日常生活中体会到家长的难处。在《走进百家姓》一课中，教师引导学生从熟悉百家姓到关注、调查社会对姓氏的了解程度，再到台湾人回大陆的寻根活动、姓氏文化节，乃至万姓同根的爱国情怀的提升。因而，通过交流，学生对百家姓这一我国传统文化有了更高层面的体验与认识。

随着对综合实践活动课研究的深入，许多问题将逐渐显现，等待我们去研究、去解决。对综合实践活动课的研究，光靠几个人的努力远远不够，需要全体教师的参与、合作与交流，共同探讨综合实践活动课的实施策略，反思综合实践活动课在实施过程中存在的问题，使综合实践活动课的研究亮起来。

初试综合实践活动

综合实践活动课是一门面向全体学生开设的，以学生自主选择、直接体验、研究探索的学习为基本方式，紧密贴近学生自身生活与社会生活，体现对知识综合运用的一种实践性的综合课程。它着眼于发展学生的综合实践能力，超越书本，超越体系化的教材，超越封闭的课堂，面向自然，面向社会，面向学生已有的生活经验。

在综合实践活动课中，学生可以从他们的生活中选择感兴趣的问题作为研究学习的对象，自然地、综合地学习。这种学习是出于自己的兴趣而非教师强加的学习。这种全新的课程的出现，对教师来说是一个全新的开始，同时也是一种全新的考验和挑战。根据综合实践活动课的特点，学校以“十八总老街文化之旅”为主题，进行了全新的尝试。

一、主题选择应有效利用文化资源

湘潭市的十八总老街历史悠久，有许多古老建筑，如鲁班殿、望衡亭、秋瑾故居……这条街上的饮食、工艺品别具特色，这里的一砖一石都带着浓浓的文化气息。对于教育来说，这是极其珍贵的可利用的文化资源。

二、主题选择要依据学生的兴趣

综合实践活动课的主体是学生，教师要引导学生善于从日常生活中发现自己感兴趣的问题，从个体学习、家庭生活、社会生活或大自然中自主地选择具有生命力的、鲜活的活动主题。开展综合实践活动，主题越贴近学生兴趣，学生越能较好地操作，越有积极性。

在一次学生习作中，一个学生提到她小时候住过的地方——十八总。文中对古建筑的描写、对古文化的介绍，深深地吸引了其他学生。学生们不禁发出感叹，湘潭市原来还有这样一个古老神奇的地方。他们对那里十分好奇，许多学生提议到那儿去看一看，走近这古老的地方，读懂那些古老的文化。因此，我们确定了“十八总老街文化之旅”的活动主题。

三、教师要扮演好自己的角色

（一）教师既是指导者也是参与者

强调综合实践活动课的自主性、实践性，并不是将一切放手交给学生去做，教师做一个旁观者。在活动中，教师应该既是指导者，也是参与者，与学生共同开展活动。

教师的指导任务贯穿学生综合实践活动全过程，培养学生的各种能力。如古建筑小组的同学在了解到鲁班殿的建造历史，第一次采访附近居民失败时，教师参与了他们的经验总结，引导他们与人打交道，又教他们在网上“搜查”，查询有关鲁班殿的资料……此外，在实施过程中，教师要及时了解学生开展活动的情况，有针对性地指导、点拨、督促学生写好研究日记，及时记载研究情况，真实记录个人体验，为以后进行总结和评价提供依据。

（二）教师要成为学生的典范

教师指导学生开展综合实践活动，必须始终怀有高昂的热情，以自己的精神给学生树立一个好榜样、好典范。如在活动中，教师发现学生在走访老街时，只顾说笑，记录简单。到了秋瑾故居，教师不断向附近居民询问一些情况，认真做好记录，一些同学见状也认真听、认真记录。教师探求知识的精神能影响学生，使他们在活动中得到提高。

四、重视综合实践活动的过程

综合实践活动的主体是学生，教师必须千方百计地为学生创设各种有利于实践的条件，关注实践结果，但不要特别在乎学生“作品”“成果”的质量高低，而是应该关注学生实践活动的过程；关注学生在活动中发现问题，如何解决问题；关注学生在实践中如何与他人交往合作；关注学生在活动过程中是否有个性化的创造性表现。只有这样，才能真正体现综合实践活动是一门以学生的经验与生活为核心的实践课程。教师要引导学生探索和创新，而不是将学生引向结论。

在这次活动中，学生几次采访“望衡亭”名字的来由。虽然都以失败告终，但他们想尽了一切办法，甚至找到了几位长者。虽然没有得到确定的结果，但学生写出了精彩的采访日记，比如有学生写道：“虽没找到问题的答案，但当了一回小记者，我是如此激动，今天不过是三月里的一点‘小雨’，艳阳高照的四月就要来临。”教师必须把活动的主动权还给学生，让学生在一系列的活动中发现问题、解决问题，体验和感受生活，从而发展实践能力和创新能力。

五、鼓励所有学生参与活动

综合实践活动不是面向少数学生培养特长的活动，而是面向全体学生，培养其创新精神和实践能力的活动。因此，教师要激发学生的活动兴趣，给予每个学生自主活动和表现自己的机会，鼓励每个学生积极参与活动。

（一）鼓励能力较弱、不爱表现的学生参与活动

在这次“十八总老街文化之旅”活动中，似乎每个学生的兴趣都十分浓厚，但真正开展走访调查工作时，却出现了两极分化的现象，总是几个优秀学生在忙，一些平时成绩差、不太发言的学生并没有参与到活动中。教师与他们谈话，带他们去走访，在教师的鼓励下，他们也积极参与了饮食文化和名人故居小组的调查。

（二）发挥集体力量，小组成员分工合作

有些学生平时不声不响，在小组会议中更是没有一句话。让小组长借机点名，要他们说一说他们了解到了什么，或调查中有趣的事，给予掌声鼓励，会产生意想不到的效果。

教师要鼓励学生，不只是让几个优秀的学生控制和把持局面，而是要让每一个学生都对研究活动有所贡献，让每一个学生体验到获得研究成果的快乐。同时，不管是能力强还是能力弱的学生，只要他们在自己原有的基础上有所进步，就应该给予肯定。教师的一个眼神、一个首肯，同学的一阵掌声，都会对学生产生极大的影响。

六、加强与各方面的联系

综合实践活动课很多时候需要在课外、校外开展，涉及安全、与人交往、策略指导等方面的问题，如果得不到各方面的支持，活动很可能无法进行。因此在开展活动前，要与有关方面联系。如在这次活动中，我们邀请了鲁班殿的负责人，为学生讲解这座建筑的特点、传说等，让学生进入参观。此外，我们还召开了家长会，让家长也参与到活动中，成为实践活动的一位积极参与者，真切感受活动让孩子的见识广了、能力强了、脑子活了。家长认识到活动的优势，就会不遗余力地支持这项活动。

杜威说过："走出教室一步，就意味着对学科的超越。"这次"十八总老街文化之旅"综合实践活动，实现了教育的整合，让学生开阔了视野，了解了家乡的文化历史，激发了学生热爱家乡之情，写下了《湘潭的"十八总老街"》《十八总老街文化之旅诗歌集锦》等成果。这次活动，让学生懂得不做书本的奴隶，要做实践的主人。他们的自信在提升，学习方式在改进，经历了从发现问题、尝试探究、初步解决问题到成果展示和交流的研究过程，获得了相应的研究活动的体验和经验。只要大胆实践，不断发现，就能在积极反思中成长。只要以开放教育的思想、创新教育的理念来进行综合实践活动课程改革，它定会展现独特魅力，取得丰硕成果。

小学语文课堂教学导语设计刍议

导语是联系“旧知”与“新知”的桥梁，它能够调动学生学习新课的主动性、积极性，激发学生的求知欲。因此，导语必须紧密联系教学目标、文章主题、感情色彩。成功的导语是良好教学的开端，能达到事半功倍的效果。

一、巧设悬念激兴趣

“学起于思，思启于疑。”课前巧妙设置悬念，能紧紧吸引学生的注意力，使学生产生一种刨根究底的强烈欲望。那么如何设疑呢？可从全文内容入手设疑，即浓缩全文主要内容，突出主要人物、主要事件，触击学生的兴奋点，促使学生产生学习掌握新课的意图。如《爬山虎的脚》主要介绍了爬山虎脚的位置、样子及其变化，这篇课文就可以这样导入：人脚的样子、作用，同学们都很熟悉，那么你们知不知道爬山虎这种植物也有脚呢？它的脚是什么样子？长在什么地方？它是怎么向前走的？这种设疑问难的导语紧紧抓住了文章的中心，为读懂课文做了很好的铺垫，学生学文的兴趣骤然提高。

设置悬念还可以从课题入手。新课伊始，可直接叫学生试写课文的题目，以此来吸引学生的注意力，迅速进入思考，审清题目与课文内容的联系，审清题目蕴含的内在意义。如讲授《再见了，亲人》时可以这样开头："再见了，亲人"是一句告别语。课文中是谁向谁告别？他们在什么时候、什么地方告别？谁称谁为亲人？为什么称他们为亲人？

教师提出一连串的问题，为学生设疑，以疑带思，促进学生积极思考，带着想"探个究竟"的心情学习课文。提出问题，又不急于让学生解答，给学生设置悬念，其目的就是要启发思维，牢牢吸引学生的注意力，培养学生的有意注意，训练他们的注意力。

二、巧创情境促理解

20 世纪 50 年代，保加利亚心理学家诺扎洛夫创造的暗示教学法认为，创设有意义的情境，能使学生潜移默化地学习知识、技能，发展智力。因此，教师应善于在课前创设教学情境。创设情境应以语言情境为主，即教师运用生动、形象、贴切的语言，渲染气氛，引人入胜，发人深思，并辅之以相应的教学手段加以烘托，如录像、幻灯片、多媒体演示等。例如，教学《小交通员》一文时，可先出示幻灯片，展现小交通员立安冒着风雪在一条小巷行走的情景，教师相机导言：1927 年，国民党反动派背叛革命，疯狂屠杀共产党人。这里是一条冷寂的小巷，住在 17 号的地下交通员王叔叔已经被敌人抓走了，黑洞洞的大门里现在埋伏着凶恶的特务，他们想把前来联系的革命者一网打尽。正在这时，立安冒着风雪，走了十多里路，来到了门口，虽然很累，但想到就要完成党的任务了，心里又是十分喜悦……教师的导言，渲染了气氛，也加深了学生对课文的理解。

在讲授《十里长街送总理》时，教师用饱含深情的语调说：1976 年 1 月 8 日，全国人民衷心爱戴和敬仰的周总理因癌症不幸逝世，举国上下，无比悲痛。从东到西，从南到北，从城镇到乡村，到处都以各种形式深情地悼念，到处都在深情地呼唤：“周总理，您在哪里……”与此同时，投影显示饰有白花的周总理的巨幅照片，录音机播放哀乐。顿时激起了同学们对周总理的无限怀念之情，增添了一种凝重、肃穆的气氛。

三、巧解题目抓主线

题目是文章的窗口，可以统观全文内容。先解题可使学生在学习之前对课文内容有个大致的了解，有利于学生把握文章中心，理解内容。

如教学《我们的伯父鲁迅先生》时可先提问：从课题看，作者是谁？与鲁迅有什么关系？为什么称了“伯父”还称先生？毛主席曾如何评价鲁迅？然后再问：伯父鲁迅为什么得到这么多人的爱戴？文章回忆了作者日常生活中印象最深的哪几件往事？让我们紧扣课题去阅读全文吧。

在讲解《群鸟学艺》时，教师可以这样开头：“群鸟”指什么？“艺”指什么？题目的意思是什么？哪些鸟跟谁学过什么本领？一步步扩展题目为：______、______、______、______向______学习______的本领。这样做有利于突破难点，化难为易，提高学生的思辨能力，为学生今后写命题作文不偏题、不跑题奠定基础。

四、巧用比较抓联系

美国心理学家奥苏伯尔说，学习者已有适当观念是意义学习的关键因素，所以导语设计可从比较新材料与认知结构中相类似的材料的角度

在课堂教学中培养学生的创造性思维

二十一世纪是知识经济时代。经济的发展取决于知识的生产、进步与创新，取决于民族的创新意识和创造能力。这赋予了当代教育，包括语文教学以新的历史使命——发展学生的创造性思维，培养学生的创新意识。课堂，是教学的主阵地。如何在课堂中培养和训练学生的创造性思维？

一、创设情境，巧用工具，激活课堂教学思维

语文教材内容异常丰富，古今中外，天文地理，无所不包。但由于小学生感知发展水平不高，限于生活经历和知识积累，给思维发展造成了一定的障碍。如何激活课堂教学思维呢？教师积极创设意境，不失为一个好办法。情境的创设，往往能使学生身临其境，对作品刻画的事物、抒发的感情、阐述的哲理产生一种亲切感，从而化难为易，更好地理解作品的内容，发展思维能力、想象能力和语言表达能力。而电化教学过程中的形、声、光、色的运用和结合，又能有效地渲染气氛，激发学生的学习兴趣，激活学生思维。

因此，在教学过程中，注意巧用多媒体，创设意境，提供各种感知材料，缩短学生的认识与客观事物的距离，为学生加速思考、探求新知提供内部动力。如课文《鲸》介绍了鲸的有关知识，但鲸长什么模样，几乎没有学生见过；鲸有多大，课文中给出的数字学生无法体会；鲸有哪些生活习性，学生中更是鲜有人知。于是，课前教师先引导学生就“鲸”这一动物质疑问难，然后让学生带着一连串的问号观看鲸的录像片段。鲸不时在海面上翻腾跳跃的景象立即吸引了学生的目光。学生们个个精神振奋，兴趣浓厚，思维随着片中生动的演说词处于活跃状态，为课文的学习创设了良好的氛围。待到知识汇报时，学生自行探索解惑。“鲸呼吸时的景象真壮观，鼻孔喷出水柱像花园的喷泉。”“我知道了原来须鲸是用一个鼻孔呼吸的，齿鲸则是用两个鼻孔呼吸。”“鲸可真大呀，真不愧为世界上最大的动物。”“我觉得鲸挺像鱼的。”课堂上充满了生机与活力。

二、创设气氛，克服从众，培养学生独特思维

多数学生都存在“从众心理”，他们习惯于同大家的想法保持一致，习惯以课本和教师讲课的内容为准则，担心自己的意见、见解与大家不同，担心自己的回答遭到教师的否定。这种“从众心理”往往抑制了学生的创造性思维。为了打破这种局面，教师要努力创设平等、宽松、民主、和谐的课堂气氛，让学生进入无拘无束的学习状态，使学生的大脑真正地得到解放，自由地、充分地发展，从而培养其思维的独特性、求异性。

课堂中，教师应鼓励学生标新立异，大胆地提出自己的见解，展开不同意见的讨论。在讨论中，学生富有个性色彩的独特见解，教师要予以高度的赞扬与鼓励。对于不同意见的争辩，教师要引导学生进行慎重的比较、思考，使学生受到启示。引导学生注意观察、分析，不轻信、

不盲从，培养独立思考的思维品质。

教学过程实质上就是教师在教育大纲的指导下有目的、有意识地使学生生疑、质疑、解疑，再生疑、再质疑、再解疑的过程。学生的积极思维往往是从疑问开始的，有疑问才能促使学生去探索、去创新。质疑是学生参与、自主学习与探索精神的生动体现。所以，在鼓励学生大胆提出自己见解的同时，教师也要热情鼓励学生积极思考、大胆提问。当学生质疑问难时，教师用微笑的神情、亲切的语言给予恰到好处的鼓励与点拨，缩短师生在感情上的距离，让学生在民主、和谐的氛围中学会思考问题，创造性地解决问题，学会战胜自我。

同时，教师还可以鼓励学生对课文、对老师的话提出疑问，让他们在思考中打破盲目顺从、被动听讲、被动答题的局面。对于那些大胆思考、大胆质疑、大胆争论的学生，给予极大的赞扬与鼓励，让他们在赞扬中感到自己智慧的力量，体会成功的喜悦。把学生引入问题的天地，让他们各抒己见，学生的思维突破了常规和经验的禁锢，不断地产生一些有价值的疑问，不断地迸发求异思维的火花。他们的思维在不断地向独特性发展，而他们的学习心理也随着“想学—乐学—创造地学”这一轨迹健康地发展。

在教完《跳水》一课后，一位学生提出质疑：“难道除了用跳水这种方法让孩子脱离危险以外，就没别的办法吗?”一石激起千层浪，教室里顿时活跃起来。教师抓住这个机会，大肆表扬了这个质疑的学生，并鼓励同学们对此发表自己的见解。有的说：“找一根竹竿让小孩滑下来。”有的说：“让熟练的水手爬上去救小孩。”但这些见解却因“不可能”“来不及”遭到反对。于是，讨论从课内延伸到课外，办法越想越多，越讨论，趣越浓。学生的发散思维、求异思维在兴趣盎然的讨论中得到了发展。

又如教学《大森林的主人》一课时，学完课文，同学们归纳出了“猎人是一个敢于与大自然作斗争的勇敢的人”这一结论。这时，有学生站起来反驳说：“我不认为猎人做得对，他对大自然进行了破坏。”他的答案显然与课文的本意不符，但是教师却高兴地夸奖了他，因为他克服了“从众心理”，从独特的角度，进行了独特的思考。

三、创设机会，展开想象，训练学生广阔思维

想象力是一种特殊形式的思维活动，是拓展思维空间的内驱力。在课堂教学中，凭借教材的想象因素，让学生展开想象的翅膀，翱翔于想象王国，对培养学生的创造性思维，意义重大。

（一）运用插图，启发想象

叶圣陶先生说：“图画不单是文字的说明，且可拓展儿童的想象。”在教学中充分利用插图，或启发学生绘声绘色地叙事，或栩栩如生地状景，或身临其境地谈感受，竭力熔画、情、景、色、声于一炉，使学生的想象欲得以诱发。譬如《我的战友邱少云》一课的插图是一团烈火把邱少云整个儿包住了，他像千斤巨石一般，在火堆里一动不动。教师先让学生联系自己偶尔被开水、被火烫到时的表情、语言和动作，然后指导他们一边看图，一边展开想象，迸射出思维的火花。有的说：“他可能在想，为了这次战斗的胜利，说什么也不能动。”有的说：“他想，如果动一下，敌人就会发现我们，不但周围同志性命难保，而且战斗也不能取得胜利。”这时，想象的力量不但作用于学生的感官，而且作用于他们的心灵，使邱少云这个光辉形象在孩子们幼小的心灵中树立

起来。

（二）延伸故事情节，丰富想象

在教学中，教师应尽量唤起孩子们头脑中储备的有关表象，引导他们或延伸故事情节，或补充课文内容，或创造新的自然、社会环境，或深化文章主题，从而加速他们的创造性想象。如学习《凡卡》一课后，让学生以《凡卡的信寄出以后》为题，展开想象，把作者没写完的内容续写出来。这样的训练，既使学生以自己的思维填补了课文的艺术空白，又锻炼了学生思维的广阔性、深刻性和创造性。

“当一个人感到有高飞的冲动时，他将再也不会满足于在地上爬。”只要我们能牢固树立自主学习、创新学习的教学观念，时刻注意培养学生的积极思维和创新意识，学生就能勇敢地面对新世纪的挑战。

营造培养学生创新意识的课堂氛围

美国著名心理学家罗杰斯提出，有利于创新活动的一般条件是心理的安全和心理的自由。创新思维只有在自由自在的思维空间中才能孕育、诞生。在传统教学思想的束缚下，多数学生在学习上存在着“从众心理”，所以，要打破学生的“从众心理”，培养学生的创新意识，师生之间必须建立起一种平等、民主、亲切、和谐的关系，以保证学生的智力和非智力因子都处于活跃状态，使学生敢说、敢问、敢争辩、敢于大胆探索

一、营造和谐、轻松、愉快的学习氛围

专制、压抑的课堂氛围是难以让学生的创新意识得到发展的。因此，要培养学生的创新意识，首先要为学生营造一个和谐、轻松、愉悦的学习氛围。作为教师，我们不要吝啬自己的微笑。微笑意味着教师关爱学生，微笑意味着教师盼望得到学生的支持与配合。教师的一个充满爱意的眼神，一次热情洋溢的鼓励，一句赞扬的话语，都会给学生一种安全感、轻松感、愉悦感、享受感，促使他们带着高涨、激动的情绪积极地学习与思考。

在讲授《草原》一课时，一位学生提出这样一个问题：“老师，

‘翠色欲流，轻轻流入云际’是什么意思呀?”这时，台下许多双小手举了起来，教师看了看台下，又看了看提问的同学，微笑着说：“你能提出自己不懂的问题，真不错。你看，大家都想帮你，不过老师相信，你自己经过努力会弄明白的，你有信心吗?”学生开始犹豫了一下，又坚定地回答：“有信心。”随后，教师出示了一张“美丽的草原”的图片，让他仔细观察、感受，说一说自己对草原的印象。“草原真是太美了，一望无际的绿草地，绿得那么浓，那么明亮，那么可爱，那绿色一直延伸到了与天相接的地方。老师，我知道了，‘翠色欲流，轻轻流入云际’应该是指草原那浓浓的绿色仿佛就要流淌下来，流向那遥远的天边。”他的精彩发言博得了大家热烈的掌声。

此时，教师与学生、学生与学生之间处于平等、和谐、轻松的关系中，感情更融洽了，心灵更接近了，大家愉快地投入学习，学生的创新意识孕育在这美好的氛围之中。

二、构建“生生互动”“师生互动”的教学机制

课堂应该是学生自主学习的场所，学生是课堂的主人。然而，在传统的课堂教学中，教师往往一人主宰，对学生下指令，而学生只能亦步亦趋地听教师的指挥行事，少有自由，这极不利于学生主体意识的培养和创新意识的发展。要改变这种单一的“师授生学”的教学局面，教师就要努力创造各种课堂交流、交往方式，实现师生之间的双向交往与同伴之间的多方面交往，打造“生生互动”“师生互动”的教学机制。

同学间的合作学习十分重要，教师应给予学生充分的讨论时间，让他们利用学习交流的机会互相启发，在讨论中加深对课文的理解，从别人的思路中得到启示，全班形成探究知识的氛围。例如学习《琥珀》

一课时，当学生初读课文后，教师对学生提出了这样的问题：“科学家根据琥珀的样子对它的形成过程进行了推测，那科学家的想象是否合理呢？请同学们自由朗读课文第二段，读完以后，以讨论小组为单位，根据课文的假想部分提出问题，然后从课文的事实部分找出答案，看哪些同学最善于提出问题、解决问题。”学生获得了自主学习的机会，学习热情空前高涨，都积极主动地到文中去发现、去探究，并对问题展开了讨论。

汇报时，学生的思维十分活跃。有的小组在汇报时说道：“我们小组提出的问题是为什么科学家推测这个故事发生的时间是一个炎热的夏天，并且几次写到了火辣辣的太阳。大家讨论得出的结论是，如果没有火辣辣的太阳照射着大地，松树就不能渗出松脂，这样一来，就不会形成包裹住苍蝇和蜘蛛的松脂球了。”有的小组说：“我们这组提出的问题是为什么科学家假想苍蝇和蜘蛛在临死前还前俯后仰地挣扎了一番，这是因为课文中说可以看到琥珀里面苍蝇和蜘蛛的腿的四周显出几圈黑色的圆环，从这一点可以推测出它们在临死前一定经过了挣扎。”从学生精彩的问答中不难看出，合作学习、交流信息给学生带来的好处是，不仅解决问题的速度快，而且传递的信息多，改变了传统教学中由教师控制的信息交流所造成的学生机械记忆的局限，充分发展了学生自主学习、创新发展的品质。

同时，师生之间的双向交流也不可忽视。在学生讨论问题时，教师不要站在高高的讲台上，而是应该走入学生中间参与他们的交流讨论，并不时发表自己的见解。同时，也要给予学生上讲台讲课的机会，学生可以让坐在座位上的教师回答问题，教师也可以向讲台上的学生质疑发难。这种师生互动、教学相长的合作学习使得教师不再是单纯的知识传授者，而是知识的参与者。这样的课堂也不再是传统意义上单向传授知识的课堂，而是充满活力的教学活动。

三、培养学生的创新意识和创新能力

素质教育的核心是培养学生的创新意识和创新能力。作为教师，应该鼓励学生有创见，有自己的见解，尊重学生的异见，宽容学生的误见，使学生在良好的心理环境下学习，养成良好的心理品质。同时，在教学中，教师可以根据学生实际水平设计问题，使学生有话可讲；要求学生回答问题时，可以用上“请你试一试”“相信你能说好”的话鼓励学生，使学生消除顾虑，有话敢讲；在学生发现的过程中，赞扬第一个发表见解的“勇敢者”，鼓励敢于提出不同看法的“挑战者”，使学生做到乐学、会学、优学。

课堂教学中可以有如下“允许”：错了允许重答，答得不完整可以补充，不明白的允许发问，没想好的允许再想，有不同意见的允许争论，老师错了允许提意见，争论到了白热化时允许自由接话发表不同意见而不必等待老师批准。这些“允许”打破了传统教学中的诸多“不允许”，成为学生创新能力得以培植的沃土。在民主、融洽的氛围中，学生的思维显得格外敏捷，创新意识、创新能力与日俱增，独立个性得到了充分发展。

学生的积极思维往往是从疑问开始的，有疑问才能促使学生去探索、去创新。现在的学生少有疑问，并不是真正没有问题，而是有问题不敢问。一怕问题浅，同学会嘲笑；二怕问题偏，老师会责怪；三怕问题多，老师会厌烦。学生心理上的“三怕”恰恰掐灭了他们创新的火花。对此，教师应在课堂上热情地鼓励学生积极思考，大胆提问。

在学完《麻雀》一课后，教师对课文进行了小结："从老麻雀奋不顾身救小麻雀的记叙中，我们可以感受到那种伟大的母爱。"话音刚落，一位同学立刻举起手，大声而认真地说："老师，为什么说这是一种母爱呢？课文从头到尾都没有写麻雀是公是母呀！"教师高兴地表扬了他："你读书真认真，想得也好，看来老师概括得不太准确，那要怎样概括才好呢？"课堂上顿时活跃起来。最后，同学们总结出，这篇课文表现了一种亲子之情。毫无疑问，学生提出问题和解决问题的过程，充分地显示了他们的创新精神。

正如陶行知先生所说："处处是创造之地，天天是创造之时，人人是创造之人。"教师只要把创新理念始终贯穿于教学的始末，充分给予学生一个民主、平等、和谐、愉悦的学习氛围，努力营造一个创新的课堂氛围，学生的创新意识、创新能力就一定能熔铸出来。

语文教学中“听说读写”能力的培养

在语文教学中，为了调动学生学习的积极性，培养学生的语文综合素养，让学生养成良好的学习习惯，语文教师要多动动脑筋，想出一些好办法，培养学生“听说读写”的能力，提高语文教学的实效。

一、培养“听”的能力

在教学中，教师应该注重培养学生学会倾听。听老师讲课，听同学发言，做不到一字不漏，那就学会听关键处、听重点处。在听的过程中，听懂别人的意思，做文明的小听众。

学生一年级时，刚刚学了拼音，认识的文字很少，为了丰富学生的精神世界，也为了学生的知识积累，更为了让学生喜欢语文，教师可以每天抽一些时间讲故事，或是给学生读一些有趣的文章。

二、培养“说”的能力

在课堂上，很多学生不喜欢举手发言，害怕说错。为了锻炼学生的胆量，更为了树立学生的信心，教师可以在每天的课上抽出五分钟，让学生按学号轮流上台表现。可以讲故事，可以背课文，可以说新闻……凡属学生自己愿意说的内容都可以。一段时间后，学生们都会爱上这种活动，盼着自己能早日轮到。尤其是那些胆子比较小的孩子，通过这样的活动，他们能得到老师和同学的鼓励与表扬，渐渐地，上课也爱发言了。

三、培养“读”的能力

教师要注重朗读的指导，也要注重默读、浏览等读书方法的指导。在学生学完拼音以后，教师可以有序地训练学生读课外书。开始时，在每天的家庭作业中布置五分钟读《小学生导刊》等书籍。随着年段的增高，每天读书的时间也相对加长。一二年级，可以让学生自己选择图文并茂的课外书来读，要求在家庭作业本上写出书名，方便教师及时了解学生所读的书，进行引导。到了中年级，除了每天布置读书作业外，还可以在课余时间组织学生读三十分钟的书，要求学生准备摘抄本，每周摘记几次，并在班里展示写得好的读书摘记本。到高年级的时候，学生已经养成了读书的习惯。这个时候，推荐学生读名著、读科普书籍、名人传记等，拓宽学生的知识面，为学生写作打下良好的基础，丰富学生的精神世界，培养他们积极向上、崇尚科学、热爱学习的品质。

四、培养“写”的能力

作为语文教师，应该教学生写方方正正的字，做堂堂正正的人。此外，还要注重写作的训练。说是口头表达，而写是书面表达。学生往往是口头表达强于书面表达，其实，二者应该是同步发展的。对于小学生来说，最关键的是培养写的兴趣，他们可以将自己看到的、想到的、想说的、想写的写下来，只要爱写，有话可写，就达到了训练的目的。

到了中高年级，除了书上的作文训练，教师可以根据年段特点，设计一些学生感兴趣的训练。如二三年级的学生特别喜欢看童话故事，可以根据课文让学生续写故事，或者给学生提供一些素材，让学生展开想象写童话故事。四年级进行片段训练，布置学生种下种子，或是养小动物，连续观察一段时间，然后写下观察日记。在作文课上，创设一个情境，或是提供一个场景，让学生观察，抓住细节进行描写。到了高年级，引导学生关注生活，关注细小处，关注别人看不到的东西，写出自己的真情实感，写出对生活的些许思考、感悟，从而引导学生做人。

在作文的修改和评价环节，要注重引导学生养成良好的习惯。一篇大作文，学生要多次修改。写完进行第一次修改；教师看完在班里进行讲评后，要求再次修改；誊上大作文本，教师批改完打上评语，学生再根据评语进行第三次修改。讲评后，可以推荐学生上台读自己的文章，学生会在一点一点的锻炼中不断进步。

由此可见，教师要不断反思和总结，反思教学和管理中的不足，总结好的经验，为学生的终身发展不懈努力。

重读苏霍姆林斯基《给教师的建议》

已经记不清自己是在什么时候读过苏霍姆林斯基《给教师的建议》这本书的了，或是在学校读书时，或是刚参加工作时。最近读到一些教育报纸、杂志，再次领略到了大师的智慧。作为学校的教学主管，当读到“学校领导，首先是教育思想上的领导”这句话时，感觉茅塞顿开，也与自己在今年年初做规划时的想法如出一辙。

那么，要成为教育思想上的领导，应该怎样去做呢？我首先想到的是，赶快充实自己，多读书，在书中领略教育的真谛。寒假在书店买了《谁动了我的奶酪》《哈佛家训》《意林》等，在网上下载了电子书籍《给教师的建议》《做最好的老师》，还订了《中国教育报》《中国教师报》《小学语文》《小学语文教师》《小学语文通讯》《小学教学设计》和《湖南教育》。看到这长长的书目，我被自己吓坏了。

做行政工作近二十年，一直觉得缺的就是读书的时间，从教导主任到业务副校长再到校长，每天忙忙碌碌，做着各种各样、大大小小事务性的工作，虽然其中也有教学研究方面的大量工作，但静下心来想想，发现这些事情大都是在迎接上级的检查。作为一所大规模、基础良好学校的教学主管，这一审视，把自己都吓出了一身汗。所以在新一年到来的时候，我给自己定下规定：每天必须抽时间读书，在学校没有时间，就在家里补上，并且要养成做读书笔记的习惯。自从有了这项新规定，我在读书方面有了不小的进步。我想，一年后，我的摘抄笔记一定会有厚厚的一本，长此以往，我也会积淀下自己的“教育思想”。

再来看这几年取得的一长串成绩，为自己的辛劳与付出画上了一个较为完整的句号。但同时，也给我提出了新的考验：怎样整装再次出发？在教育教学科研方面，应该找到一个怎样的突破口？读着《给教师的建议》：一个学校领导人，只有当他每天都在提高自己的教学和教育技巧，把学校工作的最本质的东西——教学和教育，了解儿童和研究儿童——摆在首要地位的时候，他才能成为一个好的、博学多识的、有威信的教师，并且成为教师的教师。

是的，教育的最终落脚点是学生的成长、学生的发展。怎样引导教师进行有效的教学，怎样让学生有效的学习？于是，今年的学校教研专题就由此产生了——构建有效性课堂之“在课堂教学中促使学生主动学习”。学生提高了、长进了、发展了，教学也就成功了。再看这句话：教育领导的秘密之一，就在于激发起教师的探索的兴趣和分析本身工作的兴趣。谁在努力分析自己的课的优点和缺点，分析自己跟学生的相互关系中的问题，那他就已经取得了一半的成功。校长、副校长、课外活动的负责人，都应当成为教育科学与教育实践之间的中介者。他们不仅应当把科学知识宣传和推广到实际工作中去，而且要用自己的创造性的意识和思想把全体教师组织和联合起来。

这个学期，我比以往任何学期还要更加勤奋、认真。每周安排自己多下到班级听随堂课、组内课，并且有了一个新的举动，坐在教室前听课，关注每个学生在课堂里的学习活动，看教师是否将课堂中的主动权还给学生。课后，我会组织同组的教师们一起交流，进行研讨：听完课，你们有什么感受？你们自己教的时候又是怎么处理重点、难点的？

这时，教师们的话匣子也打开了。说着别人的闪光点，再看看自己的不足或是自己不同的教学处理，教师们往往都能道出个一二三来。在这样的交流氛围中，教师们也能真正受益、真正成长。每每这个时候，我都会由衷地露出微笑。

重读这本书，我不由得惊叹：生活在另一个时代、另一个遥远国度的大师，他的思想居然能够穿越时空，依然像引航灯一样引领我们，这就是经典超越国度，真理没有国界！

在工作中追求卓越

作为一名教育工作的管理者和教育改革的践行者，每有闲暇的时候，我都愿意跳出自己的行业背景，拓展自己的视野，汲取新的理念。读了《追求卓越》这本书，感受颇深。

在《追求卓越》这本书中，作者用热情洋溢的语言，总结了自己几十年来成就卓越至关重要的诸多细节，涵盖了危机、机遇、睿智、态度、行为、工作、领导、人才、创新等诸多方面，这些事情在很多人眼里，只不过是一些不起眼的小事，但作者一再强调，不要小看这些小事情，小事情也很重要，这些小事情成就了卓越，做好小事才能成大业。恰好，作为一个集团校的领头人，心中所想，关乎学校发展，关乎融合提升，关乎师生成长，无甚大事却又琐碎繁杂，书中的观点文思，在引人入胜中发人深省，其切入点虽为企业管理，却又与我的做法有曲径通幽之处，让人感同身受。

书中对于正面激励的描述令我印象深刻。正面激励的作用，一方面是对工作良好表现的奖励，促使人改变行为，并且朝着理想的方向前进；另一方面，提升管理者的自我形象，形成亲和力。显而易见，正面激励是一种双赢行为，它会让好的事情逐渐聚集起来，能让他人把注意力投注到理想的方向。一位优秀的管理者，不但懂得正面激励的价值，还知道该如何管理。

作为一名教育工作管理者，如何把正面激励拿捏得恰如其分，我也有了自己的一些见解和可付诸实施的思路和方法。教师这个职业，平凡琐碎还有几分无趣，合理的正面激励注定是可以给平静的湖面带来一丝涟漪的。这既是对教师们辛苦付出的肯定，更体现价值取向，指引教师们朝着目标方向前进。我认为，执行激励的方式应是不拘一格的。正面激励要具体，不能模棱两可；正面激励要及时，不能拖泥带水；正面激励可以是精神上的表扬，也可以是小物质的鼓励；正面激励要有不可预见性，偶尔的激励会让人兴奋；正面激励要鼓励教师大胆尝试，即使失败，也要褒扬。面对当前日新月异的教改趋势，尤其是“五项管理”和“双减”政策落地后，围绕立德立志、增智健体、成长成才、差异化发展等方面，我鼓励广大教师勇于尝试，作业可创新，课后服务可提升，劳动教育可有创意，班级管理可有特色，实践活动可与时俱进。过程中可以出错（非原则性错误），可以失败，在尝试中不断吸取经验，促进成长。

书中提及的“转化型领导”章节，因为兴趣，我细读了几遍。书中说道，卓越企业之所以有杰出表现，都是因为他们能将平凡的人结合起来，把他们的努力汇聚起来，其关键之处在于他们有不寻常的领导能力。领导能力表现在许多方面，领导者须有耐心，会刻意播种，能筛出重点，不顺能现身指导，顺利则隐身而退。领导者会建立忠诚的高层团队，发表一致的言论，会仔细聆听，常说鼓励、激励人心的话，在必要的时候态度强硬，运用权威。而“转化型领导”则着眼于为员工追寻意义，替企业创造使命。这应该是领导的又一个境界，既是艺术家，也是开路先锋，有凝聚士气的超然使命，令人心悦诚服，心向往之，这应该是每一个管理者追逐和学习的目标吧。

湘机小学教育集团作为岳塘区最早成立的教育集团，肩负着集团融合发展探索先锋的重任，砥砺前行的同时，必将会遇到各种痛点和难点。位置偏僻，硬件老化，优秀人才难扎根，唯有将平凡的你、我、他凝心聚力，形成合力和独特的校园文化。作为校长，我也必然要有自己的不寻常，能俯下身来、沉下心去，撒播自己的教育理念，捋清轻重，凡事可顺势而为，可逆流而上，该出手时就出手。建立人尽其用、团结一致的行政队伍，各司其职又互帮互助。需要时，我是个亲力亲为的实干家，又或者是个把握全局、乐得逍遥的掌舵人。

教育集团建立上下畅通的言路，好的建议采而纳之，合理的意见，有则改之，无则加勉，我也乐于做广大教职员工的知心人。“转化型领导”已经是企业文化的塑造者和代言人，我深以为然，建设有认同感和归属感的校园文化，以文化浸润师生，以文化为纽带，打造优秀湘机教育团队是我矢志不渝追求的目标。

对于企业而言，主动接近顾客是生存之道。书中对于接近顾客这个内容，其阐述可谓有理有据，入木三分。事实上，并不是每一个企业都将顾客看得那么重要，只有一些卓越企业，他们极为重视顾客，其重视程度甚至远超对追求技术和降低成本的重视，服务至上的理念根深蒂固，其对顾客的关怀是发自内心的。我设身处地地思忖：企业尚能如此，我们的基础教育就更应该牢固树立立德树人的育人观，全面落实立德树人根本任务，视培养社会主义现代化的建设者和接班人为己任。我们的教育事业是良心事业，孩子们和家长们就是我们服务的对象，提高自身教育教学水平是广大教师的内在要求，而提升服务意识更应该是每一个教师的应尽职责。卓越企业以顾客和市场为导向，教育事业也应该以学生、家长和社会的需求为导向。“我们必须持续和顾客保持联系”，这一点上，企业和学校应该是共通的，我们应该做得有过之而无不及。

公司主管要经常拜访客户，学校教师就应该多和孩子们促膝交心，和家长们坦诚交流，关注学生及家长的需求。企业能真正关怀顾客，我们则应该上升到关爱的层次。企业是服务顾客产生利润，教师是服务学生促进学生健康成长。教师职业的神圣使命不可亵渎，我也将以抓好学校师德师风建设为己任，常抓不懈，让每一个教师把服务意识根植于心，让每一个孩子都遇见最美好的童年，让每一个教师都做最好的自己。

寻着引航灯深耕教育

校长培训班上，黄力教授结合自己多年的研究成果，从继承和创新中华优秀传统文化的角度，引领我们跟着曾国藩学修身齐家，为我们作了一场精彩的讲座。他的讲座视角新颖、见解独到，分析鞭辟入里、内容丰富、极富哲理，充分结合现代社会的普遍现象、热点问题及人们的日常生活，语言风趣幽默，主题鲜明，具有很强的思想性、针对性，对于进一步引导校长注重家风教育、践行社会主义核心价值观、促进校园精神文明建设和校园文化建设等具有重要指导意义。

曾国藩是晚晴时期的军事家、理学家、政治家，中国近代史上最显赫的人物之一，一生勤奋学习，把完善自己的修养作为一生的追求，靠着后天的学习和性格修炼，养成了超凡脱俗的优秀品德。他每日三省吾身，修身正己，砥砺自律，戒骄戒躁，达到了“内圣外王”的思想境界，被后人称为一代宗师和道德楷模。

曾国藩经常鼓励四位弟弟勤奋读书。他说：“吾辈读书，只有两事：一者进德之事，讲求乎诚正修齐之道，以图无忝所生；一者修业之事，操习乎记诵词章之术，以图自卫其身。”“盖士人读书，第一要有志，第二要有识，第三要有恒。”道光二十二年（1822 年），已功成名就的他写信给弟弟们说：“余自十月初一立志自新以来，虽懒惰如故，而每日楷书写日记，每日读史十页，每日记茶余偶谈一则，此三事未尝一日间断。”以他每日亲自做的三件事来激励弟弟们，并告诫他们：“诸弟每人自立课程，必须有日日不断之功。虽行船走路，俱须带在身边。”

为政将以“廉”“谦”“劳”三字自惕。曾国藩在给弟弟的信中这样自勉和告诫：“余以名位太隆，常恐祖宗诒之福自我一人享尽，故将劳、谦、廉三字时时自惕，亦愿两贤弟之用以自惕。”“每日临睡之时，默数本日劳心者几件，劳力者几件，则知宣勤王事之处无多，更竭诚以图之，此劳字工夫也。”字里行间可见曾国藩勤政、廉政和谦虚谨慎的为官之道。

他不仅如此要求自己，也以此来教育子女，他说：“盖子孙若贤，则不靠父辈，亦能自觅衣食；子孙若不贤，则多积一钱，必将多造一孽，后来淫佚作恶，大玷家声。故立定此志，绝不肯以做官发财，决不肯以银钱予后人。”身为两江总督的曾国藩，可谓位高权重，一生却能洁身自好，清廉为官，并能教育子孙个个作风正派，功成名就，着实令人敬佩。

平淡家常中孕育真知良言，展现了曾国藩“修身、齐家、治国、平天下”的毕生追求。作为儿子，他孝顺父母；作为哥哥，他教导体贴兄弟；作为父亲，他教育子女，为子女做出表率。正是通过他的良好家风家训的影响，他的后代政治家、科学家辈出。

曾国藩一生践行的修身、齐家理论和实践，使我深受启发，从中汲取到滋养身心的营养元素，并努力践行。

推广阅读，花开路上——

“经常站在天才的肩膀上聆听他们的声音，久而久之你也会变为一个天才。”这些年，我一直不遗余力地做着一件美丽的事情，那就是倾尽心力推进师生广泛阅读。在我的努力下，学校的图书室成为岳塘区图书馆分馆，为师生购买书籍 3 万余元。为了提升教师的专业素养，我不仅将推进广泛阅读工作写进学校发展规划，还先后出台了一系列措施，其目的是督促与推动师生深入阅读，进而养成终身阅读的习惯。如今，阅读已经像呼吸一样，成为师生们的自然生活。这种潜移默化的文化浸润，能让师生多修得几分博雅之气，拥有安静读书的心境。我也勤于笔耕，且行且思，花开路上。

关爱教师，整合团队——

对于一所学校来说，凝聚力是十分重要的。凝聚力形成的关键在于校长。校长心中有教师，教师心中才能有学生。校长只有从关爱教师实际生活出发，才能激发起教师工作学习的热情，教育才能更加人性化，才能充满人情味。

为了让教师感受到家的温暖，我专门腾出三间房为一部分离家远的教师提供便利，第一时间解决了教师们中午午休的问题，以保证下午精力旺盛。对于新来的教师，我会了解其实际情况并给予帮助，让新教师很快适应新的环境。对于生活中有困难的教师，家里有久病卧床的老人需要照顾，我在安排学校工作时都会尽可能地提供方便。多年来，我始终把关心教师工作生活，尤其是关爱大病困难教师作为自己工作的一项重要内容，组建困难教师档案信息库，想方设法地帮助他们争取各级资助，解决生活和医疗困难。

我想方设法地整合团队，形成合力，激励每一位教师努力做最好的自己，无论哪个部门，无论是先来的，还是后到的，始终捍卫自己内心的坚守。每年坚持实施班组绩效考核，每年开展以团队为单位的教学沙龙、班主任聊吧、魅力大讲堂等活动，营造一种“天高任鸟飞，海阔任鱼跃”的职业环境，教师们在合作和竞争中成为这个优秀团队的一员。

全盘规划，创新不囿——

自担任湘机小学教育集团校长以来，我围绕“遇见最美的童年，成为最好的自己”的办学理念，遵循“在传承中创新，在创新中传承”的集团管理思想来整体设计，进一步彰显学校品牌特色，全面提升集团学校的办学水平和教育质量。我全盘规划，致力于校园环境和教学条件的改善，多方筹集资金，两年来共投入三百余万元，于 2022 年 8 月按照新国标改造了湘机校区运动场，学校面貌焕然一新，学校校史馆和艺术楼的修建也在进行中。一完小校区教学楼扩建也进行了前期准备工作，并已通过区办公会议予以正式立项。

“莫问收获，但问耕耘。”借用曾国藩的人生格言，送给正在奋斗路上的我们。

管理:心望海波平

学校管理是学校教育生态平衡形成的关键。没有学校管理制度的重建,就不可能有课改目标的真正实现。新的课程理念呼唤建构新的学校管理体系,以达到“没有管理的管理”境界。

创建学习型校园的实践探索

一、营造学习型校园文化氛围

学校把“全员参与、终身学习”作为营造校园文化的口号，把打造学习型教师、学习型校园作为全体教职工共同奋斗的目标。

营造良好的学习氛围是创设学习型组织的基本前提，是引导教师发展成功的有效途径。良好的学习氛围来源于教师的交往和参与。学校鼓励教师参与管理，实现同事之间横向的交流与分享；鼓励教师在各种场合与管理者平等交流，在各个方面积极参与，体会自己的见解被采纳的喜悦，建立与学校共同发展的归属感；鼓励教师之间形成相互激励、相互帮助和共同提高的团队关系，从而激发起教师主动要求进步和提高的内在动机与愿望。

对于一所学校来说，浓郁的校园文化代表着教职工的品位。好的办学理念、好的校训、好的校风、好的教风、好的学风足以支撑起一方“文化育人”的天地。同时，它是改变教师的巨大力量，能激发起教师追求自主发展的强烈愿望。学校为教师提供了宽松愉悦的学习环境和文化氛围：每学年为每位教师订阅和发放专业书刊，学校图书馆订阅了40余种专业杂志；教师办公室配备了计算机并连通了网络，方便教师查阅资料；积极为教师提供学习的机会，鼓励教师进修学习，开展各种形式的校本培训，组织各种形式的讨论交流，营造浓烈的学习气氛，创设“我在学，你在学，他在学”和“我求新，你求新，他求新”的环境，让每一位教师主动地学、自觉地学，使学习成为生活的重要组成部分。

二、建立学习型管理机制

为强化学校管理，学校行政和广大教职工通过反复讨论，修订和健全学校各项规章制度，并用以规范教育教学行为，使学校管理工作逐步“科学化”“制度化”“人文化”。学校坚持以人为本，树立新的管理观念，探索新的管理规律与方法，实行“人性化”“民主化”管理，努力营造和谐宽松的教育环境，尊重每一位教师，善于发现每位教师的潜在优势，进一步形成特色、高效、科学的管理模式，让教育这个严肃的工作充满人情味，让受教育者感受到爱的温馨，体验到责任的动力，享受到成功的喜悦。

成立以校长为组长的领导小组，负责指挥协调；成立以副校长为组长的指导小组，负责指导开展培训工作；制订各项管理制度。

（1）确立创建学习型校园考核标准。营造学习型校园文化氛围，建立学习型管理机制，建构研修制度，促进教师专业发展。

（2）建立教育科研管理条例和教研课题管理制度，达到真正落实“科研兴校、科研兴教、主体发展、因材施教”的学校发展总目标。

（3）建立校本教研制度，做到“五三三”要求。“五”指“五有”，即有提炼出来的问题（困惑疑难）、有解决问题的初步设想、有教研专题、有中心发言人、有活动记录。“三三”指“三保证”和“三结合”，即时间保证、人员保证、实效保证和校本教研与课题研究相结合、与校本培训相结合、与教学常规管理相结合。

（4）建立政治、业务学习考核制度。学校规定单周周三下午为业务（校本教研）集中学习时间，双周周三下午为政治或业务集中学习时间。

（5）建立教师外出学习管理制度和教师培训制度。鼓励教师采取各种形式进修提高，并给予一定的奖励。如教师每学期要完成“四个一”：读一本教育教学方面的书；写一篇教育教学个案或读书札记；开一节公开课；写一篇教后记。

（6）建立教师年度考核细则。在原有的德、能、绩、勤考核细则的基础上增加了“学”的内容，从考核制度的角度约束教师不断学习、自我完善、自我提高。

（7）建立教师劳动纪律。落实劳动纪律管理，保证教育教学和各项工作的正常秩序，建设一支高觉悟、高素质、高水平的教师队伍。

（8）建立教师月考核细则。学校每月对全体教师的考勤、卫生、课卷、上课、作业批改、学生辅导、听课、校本教研八个方面进行考核。

（9）制订《教研组考核细则》和《教研组长岗位职责》。学校共有 17 个学科教研组，由教研组长组织集体备课、听课、评课、教研等业务学习。从平时教研、校本教研、竞赛课、论文、业务学习等几个方面对教研组进行考核，并评选出优秀组。

（10）建立教师奖励制度和评优制度。教师评优采用多种形式，如全体教师投票评选优秀教师；每学期定期评教师展示课活动；学生投票评选“我最喜欢的老师”。对评出的结果给予不同的表彰与奖励。

（11）建立听课、评课制度。每学期校长听课不少于40节，副校长听课不少于45节，教导处人员听课不少于50节，教研组长听课不少于15节，教师听课不少于10节，提倡互听互评。在听课的基础上，对教学总体情况作出分析，发现问题，及时提出对策。

三、建构学习型校本研修制度

（一）构建团队学习网络

指导团队学习，构建学习网络，是学习型组织建设的关键环节。只有构建起全员学习网络，才能形成真正意义上的学习型组织。在构建学习网络的过程中，有一个关键点是抓好教研组长队伍建设，加强对教研组长的培养。教研组长是学习型组织的中坚力量，是广大教师学习最直接的组织者、管理者、指导者、示范者。只有每一位组长站在更高的层面上体会、把握学校的办学思想，带领全组教师创造性地学习，进而完成各项教育教学任务，学校的办学理念和各项措施才能真正得以落实。学校根据学科、年段的特点共设17个教研组，要求各教研组长根据学校制度落实平时的教研、教学工作。

学习型组织的根本特点表现为：实现全员学习、终身学习。然而在现实生活中，许多教师把学习看作工作之外的一种负担，学习与教师日常工作割裂开来的现象非常严重。为此，学校提倡“在工作中学习，在学习中工作”，引导大家结合教育教学中的实际问题开展有效的、针对性的学习，促进教师教育教学实践的改善，而教育教学能力的提高，又极大地激发教师更强的学习欲望。这样，学习与教师的日常工作之间形成一种良性循环，实质上是在有效地促进教师的自主发展。学校是教师学习和创新的中心，尽可能地为教师的学习与创新提供良好的条件和机会，鼓励广大教师多学习、多创新，为培养学习型、创造型教师服务。

朱慕菊指出，要建立以校为本的促进教师专业化发展的机制，创造有利于教师研究的氛围，使教师有机会对改革中遇到的问题进行公开而自由的讨论，鼓励思维的独立性和创造性，加深教师对目标改革的理解。为了使教研活动能够充分开展，学校从制度上确定了校本教研的时间。除每周一次的学科小教研（也称之为常规教研）外，学校还固定了学科大教研（也称之为新课程教研）时间，大教研活动时间为星期三下午第一节课后。单周是年级学科教研组教研时间，双周是集中政治、业务学习时间。语文组以年级为单位进行教研，数学组分成一二年级、三四年级、五六年级三个大组进行教研。以此建立了教师对话交流制度，充分利用学校的教育资源，将教师的教学实践与教学研究融为一体。教师之间能在这个时间充分进行信息交换、经验共享、深度探讨、专题研究，为教师全员参与校本教研创设了环境和条件。

（二）开展行动研究和研究性学习

行动研究和研究性学习是创建学习型校园的重要形式和有效途径。它是与工作紧密结合的研究和学习，是培养研究型、学者型教师的重要手段。行动研究是教师探究解决实际问题的实践活动，是“学习—实践—再学习—再实践”的循环过程。学校开展行动研究，促使教师主动学习，在实践中学习，在研究中学习，在合作中学习。通过学习解决实际问题，改善心智模式和行为方式，学会创新，补充能量。

教师的研究性学习是为解决工作中存在的矛盾和问题而开展的学习，是以研究的方式开展学习和工作。行动研究和研究性学习都源于问题，这些问题是教师通过实践总结和实践反思提炼的课题。学校根据解决实际问题的需要及工作性质，组成众多的、更加灵活的、正式与非正式相结合的学习团体。学习团体按备课组、课题组、教研组、年级组及学校部门等分别组建，囊括全员。

个体学习和研究是团体学习和研究的基础。在开展行动研究和研究性学习时，让每位教师承担不同的具体任务，并通过个体任务的完成及信息、资源、知识、思想的共享，促使团体内每个成员站在全局的角度进行系统思考，达成高层次的共识，形成解决问题的方案，以此推进学习的继续和深入。

学校确立了行动研究为校本培训新理念，教师即研究者，推动教师从经验中学习，在反思中成长，将学习与实践相结合，反思与总结相结合。采取教师自主学习、骨干教师上示范课、案例教学、现场诊断、专题培训、请专家进校做讲座、走出去学习等多种活动方式，建立了每周、每学期“三个一”制度，即教师每周作一次教学反思、提供一个典型个案、建立一份学生成长档案；每学期上一节研讨课、读一本教育专著、写一篇专业论文。学校对教师提出了“五个一”的学习要求：学习一点、体会一点、总结一点、改变一点、提高一点，建立了教学开放日、学科教学竞赛研讨等制度，以此来促进教师的专业发展。

（三）坚持走科研、教研、培训相结合之路

学校坚持以校本培训为主，“科研—教研—培训”相结合。三者的结合形成理论培训和教育教学研究、科学研究和发展的合力效应。科研重点工作之一是探索青年教师培训工作新道路，基于35岁以下的青年教师占75%以上的情况，开展结对子活动。骨干教师与青年教师结对子，建立师徒关系，进行传帮带，一帮一，一对一，相互促进，教学相

长。要求师徒二人每周相互听课不少于两节；每学期，师父还要指导徒弟至少上一节全校性的公开课。

（四）不断创新校本研修的形式

有创新才有进步，校本研修同样需要创新。以校为本的研修制度建设，除了倡导在学校学科内开展多形式的研修活动外，还提倡跨学科、多视角、综合性的研修活动；大力提倡在各学科之间开展教研、听课活动，使教师群体能及时交流，实现资源共享，强势互补，学科互容，以集体的智慧解决实际中的困惑与难题。

教育是一项系统工程，教育的系统是多角度、多层面的。学习型校园建设工作是时代的需要、社会的需要，是深化教育改革，推进素质教育，培养适应21世纪人才的需要。但是学习型校园的创建，还是一个新的课题，需要教育工作者作进一步的探索实践。

奋力谱写学校高质量发展新篇章

一、党建引领，打造学习型党支部

坚定不移加强党对教育工作的全面领导，紧紧围绕学校中心工作，以党建为纲，以习近平新时代中国特色社会主义思想为指导，紧紧围绕深入学习贯彻党的二十大精神这条主线，学深悟透，认真贯彻落实习近平总书记关于教育的重要论述，充分发挥学校党支部“先进基层党组织”的战斗堡垒作用和共产党员的先锋模范作用，以建设“清廉校园”为抓手，把党风廉政建设同全体教师师德师风教育活动相结合，培养一支专注学习、敬业爱岗、师德高尚、深受家长学生喜爱的教师队伍。

结合学校国家级、省级立项课题，以“党建＋教育（电影）”为特色，创建党建品牌活动。组织全体党员开展“光影铸魂”电影党课活动，通过大思政课堂，把党建工作和电影德育课题有机结合，相互促进。学校党团队伍齐力开展特色鲜明的思政教育活动。党总支全面开展“岗位做贡献，工作创业绩”活动，在党员教师中进一步形成“比思想、比工作、比业绩、比贡献”的良好风气，倡导“德在人前，利居人后”的师德观。开展“我最喜欢的教师”评比等系列活动，发挥激励引导、典型辐射作用。建立健全党员常态化帮扶机制，“党员先锋岗”充分发挥引领作用，带动全体教师在师德师风、教育科研、日常管理、扶贫助学、送教上门、岗位建功、建言献策等活动中学赶比超，打造争先创优的学习型党支部。

二、潜心钻研，打造学习型教师队伍

近年来，师资一直是学校的短板，而学校也一直致力于打造教师发展共同体，发挥团队的作用，将年级组、教研组教师拧成一股绳，实现专业学习、同伴互助、共同成长。现在的工作重点是提升教师队伍素质，提高教学质量，真正实现教育教学、学校管理齐头并进。

学校将认真落实2023年全国教育工作会议精神，把“双减”摆在突出位置，强化课堂主阵地作用。继续完善教师培训制度，推动全员培训，以信息技术2.0提升工程为契机，推进教师信息化专业培训，提升教学的信息技术水平。继续开展深入研读新修订的“课程标准”校本教研活动，研制分学科课堂教学指南，以提升课堂教学质量为目标，完善备课制度，精心设计教学内容，优化教学方法，提升教师学科专业能力。开展分学科教师阅读沙龙活动，引领教师人人读书，个个提高。强化精细化管理，加强师德师风建设，提升教师师德修养。聚焦每一位教师，深耕每一节课，开展分年级地毯式听课、评课、作业批改的教学常规检查，向课堂40分钟要质量，抓课改，提效率，以赛课促提升，以抓作业管理促成长，将提质减负落到实处，扎实做好“双减”工作。

建立课程开发教师团队，以特色校本课程建设为抓手，构建丰富而个性化的课程体系，完善课后服务。优化电影课程。以国家级、省级立项规划课题“基于优秀影视资源的小学生正向价值信仰培育行动研究”为龙头，全科教师参与特色电影课程研究、开发，认真筹划2023年在学校举行的两年一次的中国教育技术协会全国电影课第十二次研讨会；开好人工智能课程。作为全国青少年编程能力等级测评考点，学校将加大编程课程的推广与普及，在五六年级开设编程课，为学生创新实践搭建平台；创设劳动课程。开设劳动基地，开发四个主题的劳动实践课程，即菜园乐、果园香、厨艺高、手工巧，培养学生的动手实践能力；丰富艺体课程。开展“全员运动会”“全员艺术节”等活动，让每一位学生掌握一两项运动和艺术技能。特色课程开发让学校特色与学生个性完美结合，使每一间教室里的生命千姿百态。

学校着力打造学习型校园，营造学习氛围，形成教师学习发展共同体，提升教师整体水平，人人争当“四有好老师”，评选一批“师德高品位、专业高学识、能力高标准、工作高水平”的“四高首席名师”。

三、立德树人，培养五育并举好学子

学校坚持五育并举，全面提升育人质量，树立人人成才的观念，即全人教育。加强班主任队伍建设，以“五项管理”为抓手，认真落实“双减”，坚守教育从学生成长的需求出发，探寻适合每个学生的教育，突出学生主体地位，关注学生心理健康，优化作业布置，改革评价方式，着力探索小组合作学习模式，激发学生的学习动力，让学生从“要我学”转变为“我要学”“我爱学”。优化周三实践作业日，培训学生综合素质能力。坚持把立德树人作为根本任务，关注每一个学生的全面发展，落实六大核心素养，转变学习方式，引导学生合作学习、个性成长，形成可持续发展力。继续做好特色德育活动，举办电影节、体育节、艺术节、科技节、读书节、劳动节等活动，促进学生身心健康全面发展。加大学生特色系列读书活动力度，引导学生爱读书、读好书、善读书、悦读书，用好每班的图书角，开放图书室，开展“师生共读”“亲子共读”“读书漂流”等活动。

从2020年开始，学校评选“五好学生”。2021年开始，学校坚持每学期每一名学生都参加一次大型特色活动，关注每一个学生的成长，培养适应未来发展、健康幸福的学生。学校将努力构建家校教育共同体，通过家长学校、家长义工、家长志愿课堂等活动，建立密切联系，进行有效沟通和合作，提升家校教育力，促进学生全方位发展。

推动中华语言文字传承与发展

长期以来，学校高度重视规范汉字书写工作和经典诵读特色工作，积极贯彻“大力推行，认真普及，逐步提高”的工作方针，把规范汉字书写和经典诵读纳入学校的常规管理。在此基础上，遵照湘潭市教育局和湘潭市语言文字工作委员会的统一部署和要求，在全体师生中广泛、深入、持久地开展规范汉字书写工作和经典诵读特色工作。

一、建章立制，规范管理

工欲善其事，必先利其器。科学的制度和规范的管理是深入有序开展规范汉字书写工作和经典诵读特色工作的基本保障。因此，学校立足实际，从根本入手，建立健全组织机构，将规范汉字书写工作和经典诵读特色工作渗透到学校的日常管理中，使其成为学校重要的常规工作。

（一）健全机构，构建工作立体网络

学校领导高度重视规范汉字书写工作和经典诵读特色工作，成立了由校长任组长，副校长任副组长，其余行政为成员的工作领导小组。领导小组下设宣传培训组、检查反馈组、活动策划组三个常务小组，分别由教科室、教导处、学生处负责，吸收学校普通话测试员和教研组长等骨干教师参与。在三个常务小组的统筹安排下，全校师生均参与到学校

规范汉字书写工作和经典诵读特色工作中。通过此层级结构，构建出规范汉字书写工作和经典诵读特色工作立体网络，各部门分工合作，责任到人，形成了上下同心、群策群力的良好态势。

（二）建章立制，推行精细化管理

为了将规范汉字书写工作和经典诵读特色工作扎实细致地落实到学校的管理工作中，学校提出了“三结合一渗透”的工作目标：规范汉字书写工作、经典诵读特色工作与学校教育教学常规管理相结合，与精神文明创建活动相结合，与教职工业务考核相结合，渗透到全面实施素质教育的各个环节。为了保障此目标的达成，制定了一系列科学可行的制度。

通过一系列制度，明确了学校规范汉字书写工作和经典诵读特色工作的原则。规范校园文字，要求师生用规范汉字；规范师生书面用语，要求有汉字出现的地方100%使用规范字；规范校园语言，要求师生之间在日常交流中100%使用普通话；规范学期工作计划，要求各部门和每位教师的学期工作计划中必须涉及规范汉字书写工作和经典诵读特色工作内容。将规范汉字书写工作和经典诵读特色工作纳入日常管理，各项教学检查、教学竞赛均涉及这两项工作内容；纳入教师考核，与教师职称评定、评优评先挂钩；纳入学生管理，将规范汉字书写和积极参与经典诵读活动作为三好学生、文明美少年、优秀学生干部、先进班集体的评选标准。这一系列切实可行的制度，明确了学校发展目标，规范了师生们的行为，也使学校的工作开展有章可循、有条不紊。

二、营造氛围，加强培训

汉字历史源远流长，是华夏灿烂文化的体现，凝聚着代代相传的民族精神。文字的人文性特点决定了工作的开展绝不能是冷面说教、刻板要求，而应该触及师生们的心灵，唤醒师生们的热爱。只有这样，才能成为师生们自觉自愿的行为，推普工作的开展才能起到事半功倍的效果。

（一）潜移默化，营造氛围

环境能改变人的心境，影响人的行为。学校推普宣传组在校园环境的布置上大做文章，精心制作了大量精美的标语在校园内悬挂张贴。走进校园，美丽的玉兰树下，整洁的走廊上，随处可见“弘扬经典，传承中华文明”“推广普通话，使用规范字”“说普通话，写规范字，用文明语，做文明人”“普通话是我们的校园语言”等宣传牌，它们既是校园的小小点缀，又是对师生们的温馨提示，使校园洋溢着浓厚的氛围。此外，学校还提出了“三个一”要求，即学校宣传栏每学期出一期推普宣传专刊、校园电视台每月制作一期节目、各班每学期开展一次主题活动。这些措施的推行，使学校的规范汉字书写工作和经典诵读特色工作渗透到校园生活的方方面面，对全体师生起到了潜移默化的积极影响。

（二）加强培训，提升素养

中华文化博大精深，为了提升教师的语文素养，学校多管齐下，采用多种途径加强对教师的培训。一是自培提高。要求教师开展自学，为教师订阅《语言文字法》《说文解字》等相关书籍，对教师的自学笔记定时进行检查评比。二是专业引领。近年来，学校多次邀请湘潭市普通话测试员来校进行专题讲座，为教师提供专业指导，答疑解惑。三是校内研讨。利用校本教研、教师博客圈经常开展交流活动，大家互相学习，取长补短。通过长期培训，教师的语言文字素养得到了明显提高，涌现了一大批专业突出的优秀教师。

三、活动深化，彰显特色

有效开展规范汉字书写工作和经典诵读特色工作，制度与管理是保障，宣传与培训是基础，而多种形式的活动则是将其推向纵深发展，体现学校特色的重要推动力。因此，学校以校为本，大胆创新，精心组织，开展了一系列深受师生们喜爱的活动。

（一）精心组织推普活动

每年的推普周活动，学校都本着求真务实的精神，认真策划，精心组织，使活动落到实处，推动了学校规范汉字书写工作和经典诵读特色工作的顺利开展。

制定具体的推普活动实施方案，进行积极有效的舆论宣传。在每年9月第三周周一的升旗仪式上，学校向全体师生发出推普周活动倡议，介绍推广普通话和书写规范字的意义，宣传当年推普周活动主题，并布置推普周活动安排。利用标语、口号、广播、黑板报、宣传栏等一系列形式，宣传和弘扬祖国文化。

（二）开展丰富多彩的系列活动

每年，教导处和学生处都会联合组织学生开展古诗文诵读比赛、班级朗读比赛、作文比赛、语文知识竞赛等活动。2008年，学校六一儿童节活动以“弘扬经典”为主题，很好地将校本课程“古诗文诵读”以载歌载舞、再现情境等形式表现出来，取得了令人震撼的效果。2009年，结合中华人民共和国成立60周年，认真组织开展了“我的祖国”

系列活动。如一至六年级现场作文比赛、五至六年级征文比赛、三至六年级革命传统故事比赛和演讲比赛。学校获得岳塘区“我的祖国”主题教育活动优秀组织奖。2010 年下学期，举行了全校书写比赛和班级朗读比赛。这些活动的开展，旨在全员参与，共同提高。

（三）开设特色校本课程

为了营造语文学习的氛围，结合校本课程资源开发，相继开办了富有特色的电视专栏节目：《古诗文诵读》《成语故事廊》《读背三字经》《我们来写字》。为提高节目质量，学校组织有特长的教师成立了校本课程开发组，他们或能写一手优美的文章，或能讲一口流利纯正的普通话，或能写一手漂亮的毛笔字。开发组的教师通力合作，精心拟稿、主持、编辑，录制出精彩的节目，利用每天下午上课前的十分钟通过电视台向全校师生播放。校本课程时间，全校学生激情诵读经典、专心练习书法的身影构成了一道独特的风景。学校开设的校本课程，不仅将规范的语言教给学生，而且激发了学生学习中国传统文化的热情，对于增强学生文化底蕴、塑造学生健康人格大有裨益。

（四）建立教学博客圈

博客是一种方便快捷的现代交流工具。副校长牵头，组织成立了教师博客圈，并将之发展成为学校规范汉字书写工作的全新平台。博客圈的建立，使教师们的教研开展突破了时间和空间的限制，他们可以利用博客发表自己的教学经验和反思，互通有无，学习先进的教学理念，充分进行教学交流。更可喜的是，学生们也加入教师的博客中，教师随时可以对学生的习作等语言文字学习进行指导。对学生而言，这种形式比师生当面交流更显轻松自在。博客圈的建立，极大促进了规范汉字书写工作的开展，使其更趋深入和理性。

（五）成立校园广播站和红领巾电视台

为了给学生实地演练和充分展示的机会，学校成立了校园广播站和红领巾电视台。校园节目的录制，新闻稿的撰写和播报，都主要由学生负责。在普通话测试员曹新征老师的指导培养下，一大批学生主持人和播音员脱颖而出。他们标准的普通话、规范的用语在学生中起到了良好的示范作用，在学生中掀起了练好普通话、争当播音员的热潮。

四、不断完善，努力创新

在规范汉字书写工作和经典诵读特色工作方面，尽管学校做了大量工作，并组织了系列检查和自查自纠，但这是一项长期性和动态性的工作，还需要建立切实可行的长效管理监督措施，常抓不懈，不断提高实际应用能力和管理水平。

未来，学校将继续开展灵活多样的宣传学习活动，加大力度，充分发挥学校在规范汉字书写工作和经典诵读特色工作中的基础作用和辐射作用，全方位提升师生综合素质。

语言文字是中华民族优秀的传统文化，它沿着历史的长河走来，还将走向更远的未来。弘扬文化经典，传承中华文明，每个人都要牢记自己的使命，在规范汉字书写工作和经典诵读特色工作的道路上迈步前行。

特色教育引领学生幸福花开

特色兴校，文化育人。特色教育决定着学校发展的高度，更直接影响着学生成长的高度。如何让特色教育触手可及?

一、集团办学：推动发展新举措

近年来，岳塘区委、区政府充分发挥区域内优质学校优势，将集团化办学作为推进区域教育优质均衡发展的重要战略举措，大大提高了优质教育资源的覆盖率，实现教育资源配置的“削峰填谷”，促进强弱学校同步优质发展。

湘机小学教育集团应运而生，实行“六统一”管理模式，即规划统一进行、教学统一安排、师资统一调配、财务统一管理、招生统一开展、考核统一标准，实现了 1 +1 >2 的效果。

学校立足校园文化建设，进行硬件提质与文化装修，主干道全部铺上了柏油，教学楼前后铺上了青石板，树木底下人性化地设置了读书、休憩场所，每间教室里统一配备了电子白板。同时，学校想方设法争取资金，对学生公寓、校园路面、办公楼、食堂、书吧等进行规划设计和提质改造，在较短的时间内完成了翻天覆地的蜕变。新食堂窗明几净，可容纳 300 余名师生愉快就餐；快乐书吧成为孩子们享受阅读乐趣的好去处，更解决了进城务工子弟放学后无处可去的问题；楼梯间角落设计成失物招领处，教室外设置了伞架；新建了一间录播室，实现了网络联校的同步课堂、共享课堂，学校更是成为湖南省教育信息化创新应用中小学网络联校。一系列新举措，切实解决了群众不断增长的教育需求同优质教育供给不足的矛盾。

二、电影课程：促进生活德育化

作为全国电影课优秀示范校，学校围绕“一校一品”“一校一特色”，不断积极构建新型德育模式。电影德育课程的开发和蓬勃发展是湘机小学教育集团的第一张特色名片，在全市同类学校中，这是第一个“吃螃蟹”的创举。

为有效促进“生活德育化”，从2002年开始，学校着力开发电影德育的校本课程体系，构建电影德育模式：在课程设置中增设电影课，组织学生观看具有教育意义的影片，结合校内外活动开展“看电影、评电影、画电影、唱电影、演电影、学电影”等活动，让学生在尽情欣赏优秀影片的同时，品味着声光影的魅力，感受着真善美的真谛，孩子们幼小的心灵不断被浸润，不断被感化。

2017年，师生自编、自导、自演了以“携手禁烟，共创文明，远离烟草，崇尚健康”为主题的微电影《交换》；2018年，以党员教师邱慧敏关爱特教学生的事例为蓝本，再次创作完成了展示学校融合教育特色的微电影《最美的未来》，参加省市评选。

三、艺体文化：构建发展新平台

作为全国体育艺术“2+1”项目实验学校，艺体文化是学校的另一张特色名片。2018 年 5 月，毕业于湘机小学教育集团的国羽小将乔斌一举夺得汤姆斯杯世界冠军，这是湘潭籍运动员第一次站到汤姆斯杯最高领奖台上；全国少儿趣味田径运动会上，湘机小学教育集团力挫群雄，获得全国少儿趣味田径运动会团体第二名的佳绩，创湖南省历史新高。

学校对艺术同样倾注了火一样的热情，“你好，新时代”2018 年庆祝六一儿童节湘潭市主题队日活动在湘机小学教育集团举行，戏曲联唱、现代舞、快板表演……形式多样、好戏连连。活动全程直播，6000 余名场外的家长通过手机扫描二维码，实现了良好的“线上 + 线下”同步观看与互动。

学校积极构建体育、艺术校本课程，实施“走课制”，将“创造”融入其中，培养学生核心素养，引领校园文化向健康高雅的方向发展，为学生的终身发展奠基。

特色教育的熏陶，内化于心，外化于行。行走于湘机小学教育集团的校园，一廊一窗，一草一木，处处皆景语，处处显特色。以集团办学为引领，以电影课程为载体，以艺体文化为依托，走特色育人之路，让湘机小学教育集团的办学更加灵动，引领每一个生命“幸福花开”。

走教育信息化融合创新之路

自2020年成功申报湖南省第二批“融合应用实验区”以来，学校有机结合教育信息化实际，大力推动全校教育信息化走向规范化、常态化。

一、精心设计，全面保障，优秀影视资源引领教育信息化推动

在“互联网+”时代，微课程、微电影、在线学习、在线评价等新兴教学模式，已经悄然进入家庭、校园、课堂，并推动着学校教与学的变革。为满足新课改要求，提高课堂教学效果，减轻学生学业负担，学校将优秀的影视资源运用于课堂教学，建立了优秀影视教育资源库，装备了影视点播系统，进行了课题研究，开发了电影校本课程，以此打造特色学校。

学校影视教育资源库共有500余部优质影视资源及配套图片，分为神话、名人传记、音乐歌舞、文学名著改编、世界重大历史事件等36个系列，涵盖道德法治、社会责任、人与自然、生命健康、青春成长、梦想选择、亲情友情等内容。在此基础上，学校构建了完整的影视资源教学模式：

（1）常规观片：每周按课表组织学生观看一部优秀影片。一个单

元看完后，再开展“主题活动”，通过说、唱、演、画、写及社会实践活动等形式，使单元影视教育内化为素养，外化为行动。

（2）主题课例：汇集同一主题的系列电影进行教学，介绍电影故事梗概，收集参考资料，设计电影赏析活动，组织学生进行探究性学习等。其操作模式包括：课前观片、激情引趣、明理导行、实践内化。

（3）学科整合：教师创造性地围绕学科内容，汇集整理能够支持和帮助教学的相关影视资源，并对影视资源进行整合共享，有效提高了课堂教学效率。学校各学科的教师还在运用影视资源丰富学科教学内容和提高教学质量等方面做了大量研究。好的影视资源大大地丰富了微课制作内容，教师从经典的影视作品中，选择3至5分钟的片段，广泛应用于语文、英语、品德、科学等课程，或者从互联网资源中获取分享、传递正能量的微电影和微课程资源。

（4）创作资源：鼓励影视资源创作，在各大媒体和网络平台传播由学校出品的微电影《少年英杰李爱莲》《善美在湘机》《传承》《逆境中的天使》《最美的未来》。这些微电影的题材都来自学校、家庭和社区，参与的编导、演员、摄制等都是本校的教师、学生及家长。这种学校、家庭和社会共同参与的德育方式潜移默化、润物无声，得到了社会的广泛好评，成为传递“人间正能量”、创新德育教育方式的又一“法宝”。

二、抓住关键，搭建平台，网络联校助力教育信息化推进

在充分利用优秀影视资源库的基础上，学校经单位申报、专家评审、省教育厅审定，入选“湖南省教育信息化创新应用中小学网络联校项目”。学校对此项目高度重视，周密部署安排，网络运行环境稳定

可靠，光纤到桌面。在此基础上，教师积极探索，共同磨课、研讨。在学生享受优质教育教学资源的同时，促进了教师的专业成长，用信息技术之力打造了城乡教育均衡“新常态”。

三、彰显特色，多措并举，人工智能强化教育信息化落实

学校十分重视人工智能教育，是全国青少年人工智能活动特色单位、全国青少年人工智能教育示范基地、全国机器人教育示范基地、全国青少年编程能力等级测评考点、湘潭市科技创新与科普教育示范学校，开展了丰富多彩的科技节、创客节，积极参与编程考级、省市机器人竞赛、“宋庆龄少年儿童未来科学日”活动、全国中小学信息技术创新与实践活动，让学生体验人工智能的乐趣，帮助学生走向成功。

“新兴技术应用热土”“全球重要新高地”……2023 年全国两会期间，这些词汇成为国际舆论描述中国高质量发展的“热词”。学校也将继续紧跟上级部门的要求，开展信息技术与教育教学深度融合的研究和实践，以承办全国电影课第十三次研讨会为契机，做好学校特色成果推广，推进信息化办学，促进学生全面发展，力求实现集团化办学的最优效应。

寻找学校教育科研工作的“支点”

现代教育的一个重要标志是教育行为对教育科学研究的依赖性。学校在新课程改革的实践中，不断提高教育科研认识，加强教育科研实践，改变了过去那种完全凭经验和热情教学的局面，为教师的成长提供了更多的机会和更广阔的空间，让课堂响起学生的声音。

一、科学管理，营造教育科研氛围

（一）建立教育科研制度体系

学校领导班子的高度重视和大力支持是学校教研教改工作顺利开展的坚强后盾。为此，学校先后推出了多项规章制度。另外，学校还专门设立了教育科研成果奖，凡发表教育教学论文和教育主管部门组织评奖的获奖论文，视级别给予不同奖励；将教师的理论学习和教育科研工作实践纳入教职工年度考核体系；将优秀成果编印成集，并积极向有关杂志、报刊推荐，对有应用价值的论文成果，创造条件在实际工作中推广。

（二）形成教育科研组织网络

学校教育科研工作必须依靠一支素质精良的科研“志愿军”来完成，只有当教育科研真正成为教师的一种内在需要，它才不会被教师认为是一种额外的负担。主要措施是：（1）领导班子率先垂范；（2）科研骨干典型引路；（3）激励全体教师热情参与。在充分发挥广大教师的作用的基础上，教师参与教育科研的积极性、主动性被调动起来，并由此形成了一个科研意识强、科研素养高的队伍，使学校教育科研充满生机。同时，这支科研队伍还构成了一个完善的教科研组织网络。课题组负责人、专家教授、教育行政领导是课题组织指导核心；领导班子、科研骨干和青年教师是教育科研最重要的研究力量。

（三）确立教育科研活动模式

随着校本教研的推进，我们也逐渐发现，教研活动要真正体现“校本”的本质，突出“本校”，满足每一个教研组、每一个教师个体的不同需求。经过多年研究，学校摸索出了“三层并进”的教研模式。“三层并进”即学校、教研组、个人三个层面的教育研究活动形式。特别强调教研组这个层面。基于此，教研组活动的开展坚持采用大小教研组形式进行。

学校教育科研的目的主要是解决教学中的问题，提高课堂效率，从而提高教学质量。在长期的教研活动中，学校的做法是：组内教师在小教研时间里进行教学信息交流，对教学中发现的问题进行初步筛选、提炼，确定一个一个的教研专题，然后组内教师针对教研专题分头做准备，在大小教研集中的时间里对教学问题畅所欲言，进行深度研讨、交流，再各自回到教学实践中反复论证、磨合，最后在大小教研时间里对问题进行归纳、整理，达成共识，分享经验。

（四）创建教育科研共享平台

在教育科研中，学校要注重教师之间的交往交流，通过交往交流，促进教师队伍的内涵发展。除了小教研组内教师的交流合作外，为了促进教师之间的对话，学校为教师的交流创设了平台，如开展“网上教学教研沙龙”活动、在校园局域网上设立教师论坛。每学期期末，学校都要将教师论坛上的优秀资源进行整理，汇编成书。另外，在论坛中设立“教学沙龙”，供教师们互动交流。“网上教学教研沙龙”活动展现了每位教师的闪光点，深受大家的喜爱。

二、多种形式，开展教育科研活动

（一）教研活动系列化

为了尽快提高青年教师教学水平，学校坚持开展青年教师赛课活动。每年举行一届，每届确定一个主题，如2006年上学期举行的是以“课堂教学中如何发挥学生的主动性和创造性”为研究主题的赛课活动。同时注重教研组团队意识的培养，坚持开展“说—授—评”教研活动。“说—授—评”教研活动是以年级教研组为单位，组内教师选定课题，集体研讨后由一人说课、一人上课、一人评课的系列教研活动。由于该活动与集体备课相结合，更具有教研价值和实用价值，深受全体教师的欢迎。

（二）教师培训多样化

“教师是校本教研的主人。”学校力求通过多种途径的培训促进教师专业化成长。主要形式包括：

（1）专业引领。主动争取省、市、区专家来校指导工作并做教科研专题讲座。教科室成员在带头学习的同时，及时向课题组成员推荐学习内容，做好学习资料的汇编，努力提高广大教师的教育科研业务水平。

（2）骨干引领。充分利用已有资源，发挥骨干教师的示范作用，沿袭传统开展传帮带活动。由学校制定师徒合同，颁发师徒对子证书。获得骨干教师称号的教师应带好1至2名“徒弟”。实施新课程以来，结成师徒关系三十几对，师带徒，徒促师，师徒之间教学相长，共同提高。

（3）外出学习培训。学校经常性地派教师到外地参加各级学术活动或培训班。近年来，学校还先后投入资金派一线教师去兄弟省市观摩省级和国家级赛课活动，回校后进行汇报交流，教师们收获多多。

三、全员参与，积极开展课题研究

在教育科研的实践中，学校坚持立足实际，传承创新，从提高认识入手，全员参与研究，课题工作全面展开。教育科研与新课程实施融为一体，推动了学校教育教学工作的发展，成为学校教育科研的一大亮点。

（一）开展教学资源库研究

学校主持的课题“小学学科课程资源信息化建设研究”，参与了省“现代教育技术与小学数学教育创新研究”课题研究，并结合学校实际确立了子课题“小学数学新课程教学资源的开发和应用研究”。在研究中，根据学校实际，建立了数学资源库。目前，学校自主开发的数学资源库内容比较充实，主要分为校园局域网数学资源库和校园网站数学资源库。在校园网站数学资源库中，还开设了“网上数学沙龙”和学生“快乐数学园”，方便学生网上自由学习，丰富了教师教学资源。

（二）开展校本课程研究

新课程观认为，教师是课程资源的开发者、实践者。为了学生的全面发展，学校开发了“人防教育”“自主阅读”等内容。2003 年，第一本校本课程《人防知识》面世，此读本经省市人防办专家、市教育局专家审定，并给予了高度评价：此读本填补了省市小学人防教材的空白，具有很强的推广价值。随后，学校又相继开发了《英语俱乐部》《英语天天学》《我们来练字》《我爱读书》等各具特色的校本课程。这些校本课程的开展丰富了学生的知识，陶冶了学生的情操，提升了学生的综合素养。

（三）开展综合实践活动研究

依据《中小学综合实践活动课程指导纲要》提出的综合实践活动要集中体现学校特色的原则，学校充分利用教育资源、学生个人的生活经验、所处的社区背景，科学地开发课程资源，开展综合实践活动。课题组的教师遵循“从学生中来，到学生中去”的选题原则，广泛征集学生感兴趣的主题，经过反复研究，将第一次活动主题选定在体现湘潭经济特色和文化特色的槟榔现象上。经过一个多月的准备，“奇特的槟榔现象”在全校公开展示。范例引路开拓了教师开发综合实践活动课程资源的选题思路，引导教师认真地探索有效的指导方法。随后，学校又推出了一系列综合实践活动课，有极具地方特色的“十八总老街文化之旅”，有反映孩子们成长过程中的问题与需求的“‘打工’的苦与乐”……这些课例汇编成了一本本综合实践活动案例集。自此，综合实践活动成为学校教育科研的一大亮点和特色。

四、厚积薄发，教育科研硕果累累

2002 年，学校成为省级课改实验区的课改实验样板校。在市、区教育局的指导下，本着“巩固、提高、发展”的方针，立足实际，传承创新，扎扎实实地开展了一系列面向学校、面向教师、面向学生的校本教研活动，并取得了丰硕的成果：2002 年，学校被授予“课程改革实验工作组织奖”；2003 年，学校承办了基础教育新课程骨干培训者国家级研修班观摩活动；十余项省、市级规划课题获教育科研成果奖；一百余名教师获得各级奖励；五十余篇校本教研论文获得国家、省、市级奖励；二十余节比赛课、展示课以及案例、设计获省、市级奖励。教育科研，使学校焕发出勃勃生机，走上可持续发展之路。

“潮平两岸阔，风正一帆悬。”精神激发动力，质量铸造品牌，发展奔向未来，面对新世纪和世界教育发展的潮流和挑战，我们会继续奋斗、知难而进、扎实工作，谱写更为壮丽的篇章。

基于课改理念的魅力课堂构建

十年历程，十年坚守，十年奋斗，学校始终秉承着“课改植根于改课”的信念，把新课改的基点和目标定位于课堂教学改革，着力研究课堂教学方式和学习方式，让课堂焕发出独特魅力。

一、构建生本课堂，让每一颗种子自由生长

新课程改革明确指出，学生是学习的主体，教师是学习的主导，应尊重与珍视学生的主动性和独特性，倡导学生自主参与，为学生的终身发展奠定基础。学校敏锐地察觉到这一全新的教学理念正是新课程改革的精髓，旗帜鲜明地提出了“以生为本，构建生本课堂”的课改目标，并展开了长达十年的执着追求与探索。

（一）以校本培训为渠道，更新教师教学观念

课改的第一步是要打破教师的僵化思维，引导他们以开放的心态、长远的眼光、理性的思维看待新课改，走进新课改。因此，学校把教师意识领域的革新作为构建生本课堂的第一步，提出了“认识、更新、深化”的目标，让新课程先进理念点点滴滴渗入教师的心间。

课改伊始，学校多次召开全校教师大会，明确提出新课程改革是学校的一把手工程和先导工程的教学发展方向，引导教师从思想上高度重

视教学方式改革。学校每周组织全校教师进行理论学习，以学促动，让教师们接受新一轮课程改革浪潮的洗礼。在学习新课程改革的相关文件后，教师们的理论认识得到了提升，参与教学改革的热情被点燃。在此基础上，学校大力争取省、市、区专家来校指导工作，通过做学术专题报告、理论辅导讲座、教学专业咨询等多种形式，转变教师的教学观念，帮助教师贯彻民主教学观，确立“以生为本，育人为本”的教学理念，构建民主和谐的师生关系。

在多种形式的校本培训下，学校将转变教学方式和学习方式的理念根植于教师的心中，使其成为教师们的自发需要和自主行为，为构建生本课堂打下坚实的基础。

（二）以赛课沙龙为推手，探索课堂革新途径

理论是行动的先导，教育理念只有根植于课堂实践这片土壤才具有鲜活的生命力，才能生根、发芽、开花，并结出丰硕的果实。学校以践行生本课堂为目标，以多种形式的赛课沙龙为推手，力促生本课堂的建构，探索切实有效的课堂教学革新途径。

课改之初，如何实现传统课堂向生本课堂的有效转变成为摆在学校面前的最大难题。学校提出了“范例引路，集体研讨，深度反思，总结提升”的课改思路，每学期举行全校性的专题赛课活动，使赛课成为学校的一项常规活动。通过专题赛课，以赛促研，以赛导学，形成氛围，共同探讨构建生本课堂的有效途径。赛课后教导处以自我反思、同伴互助的形式组织开展分科评课活动。在自由宽松的研讨氛围中，执教者谈设计思路、心得体会，听课者谈评课意见，共同解决疑难困惑，寻找课堂教学方式和学习方式转变的有效途径。

在不断的摸索反思中，学校总结出了“一个转变、四个激活”的

们全情投入，自觉组成不同的班子，主动求新求异，突出个人教学风格。在此氛围下，同一教学内容，呈现出多维的角度、迥异的风格、独特的策略，课堂无限精彩。

课后，教师们面对面展开唇枪舌剑的辩课，陈述设计思路，强调课堂亮点，辩论教学策略，比较教学效果。真理越辩越明，在自由的氛围、激烈的争辩中，教师们总结出宝贵的教学经验。如两位老师执教完《荷叶圆圆》一课后，其他教师就她们在课堂上运用识字方法的不同，展开了“集中识字”与“随文识字”方法的比较与讨论，探索出识字教学的有效策略。在同课异构研讨课《乌鸦喝水》中，为了让学生体会、理解“瓶子里的水渐渐升高了”一句的含意，一位教师采用了现场演示的直观教学法，另一位教师采用了课件展示法。随后教师们又就这两种方法展开了大讨论，并由此衍生出“传统教学方法与基于信息技术环境下的教学方法”的课题，此课题被列为市级重点立项课题。

“同课异构，互动辩课”活动打开了教师的教学思路，彰显了教师的教学个性，帮助教师形成了自己独特的教学风格，促进了教师的专业化成长，营造了浓厚的教学研讨氛围。2011 年下学期，学校承接区教学开放日活动，三百多名市、区领导及兄弟学校的教师来校观摩。一节节各具特色的课堂，一位位风格迥异的教师，一场场精彩激烈的辩课，获得了高度赞扬。市教育局局长赞许学校的此次活动，他说：“课堂精彩，辩论自由，是一次成功的教学方式、教研方式的改革。”湘潭市教育科学研究院院长当场表示：“这种全新的教学改革能够促进教师专业化成长，值得大力提倡和推广。”《湘潭日报》也对学校的此次活动进行了专题报道。

三、构建校本课堂，让校本课程五彩斑斓

新课程改革指出，校本课程是学校根据自己的办学理念，适应学生多样化发展的需要，以本校教师为主，充分利用所在社区和学校的课程资源所开发的课程。学校充分利用周边资源，积极开发校本课程，并将其引入课堂，构建富有学校特色的校本课堂，使学生的课堂更加丰富多彩。首先，学校讨论通过了课程资源开发“真实、切实、翔实”的原则，要求课程资源开发杜绝假、大、空，必须从学校实际和学生需要出发，注重资料的整理和经验的积累，以科学严谨的态度扎扎实实进行。在此基础上，学校充分发挥教师的集体智慧，采用分工合作、分组合作的形式，由学科组教师（甚至是跨学科的教师）共同开发特色课程资源。

（一）开发《人防知识》课程

作为湘潭市小学人防教育实验学校，在教学实践中，学校发现所在地的人防设施能提供丰富、鲜活的课程资源，可以充分利用这一优势开发校本课程。

学校认真组织校本课程开发组的成员学习了《中华人民共和国人民防空法》，通读了有关文件，制定了《校本课程 < 人防知识 > 开发方案》，明确了目标，安排了课程的框架结构。以单元组织课文，以活动性、实践性、综合性进行内容整合，力求贴近学生的语言，将知识性、科学性、趣味性结合进读本，采用感受（看录像）、体验（进人防工程）、探究（查资料、人防手抄报）等方式引导学生学习。

《人防知识》读本编写由人防教育课教师、自然课教师、有绘画专

长的教师、有相关学科知识的教师、电脑教师等组合进入课程开发编写组，用人所长，充分挖掘、组合教师人才资源，力求做到读本体现课程整合性，为学生所接受、所喜欢。

（二）开设校本特色课程

2005 年，学校充分发挥英语教师师资力量强、校园电视台设备齐全的优势，由英语教研组的教师自主开发了电子教材《英语天天说》。利用周一至周三下午第一节课前的 10 分钟，以电视台直播的形式对全校学生进行日常英语口语训练。学校开发的英语电子教材加强了教师和学生的互动，增加了学生喜爱的动画片和竞猜环节，充分发挥了视频教学的优势，弥补了传统书本教材的不足，深受家长和学生的欢迎。

学校还根据学生发展的需要以及学习的兴趣开设了《古诗文诵读》《趣味数学》《心理健康》《成语故事廊》《我们来写字》等深受学生喜爱的校本课程栏目，提高了学生的综合素质，发展了学生的个性特长，也为教师的个性发展、专业成长开辟了更为开阔的空间。

四、构建开放课堂，让每片天空都是成长舞台

《学记》有言："大学之教也，时教必有正业，退息必有居学。"新课程改革也指出，生活世界是课程内容的范围，要加强课程内容与学生生活以及现代社会和科技发展的联系，关注学生的学习兴趣和经验，使课程学习成为儿童通过反思性、创造性实践而建构人生意义的活动。学校以全新的理念，打破传统课堂的限制，将课堂延伸到社区，构建了适合学生成长需要的开放性课堂。

（一）开展综合实践活动

学校开设了各类综合实践活动课，指导和鼓励学生“在尝试中实

践，在实践中体验，在体验中深入实践”。在长期的实践探索中，开发出了综合实践活动组织模式。

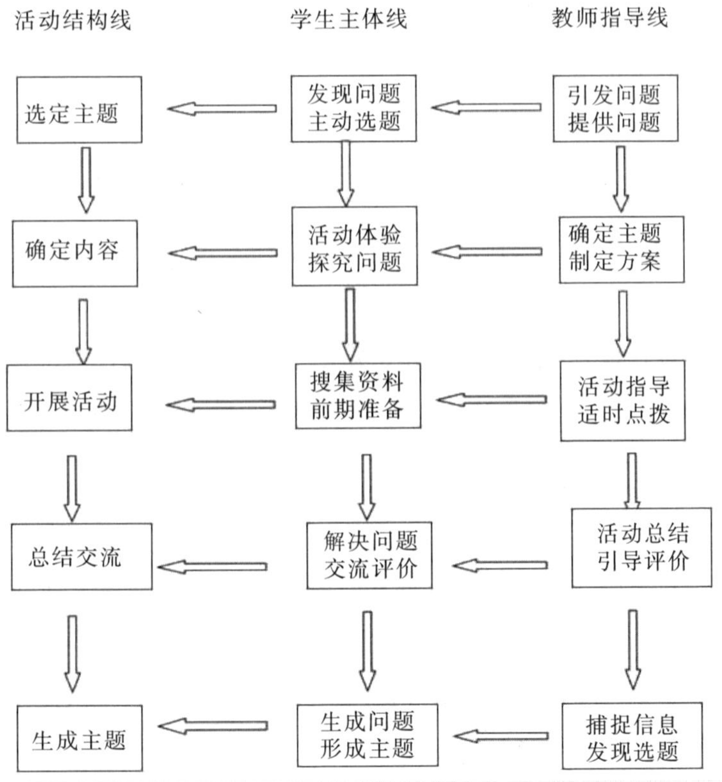

综合实践活动课程资源的开发和利用，将小课堂与大课堂结合起来，使学生逐渐养成了关注社会，关心身边事、身边人的意识，形成了一定的社会责任感，提升了学生社会实践能力。

（二）构建网络课堂

新课改提出以学生为主体的教学观，主张因材施教，尊重学生的个体差异，促进学生活泼主动地发展，构建充满生命力的课堂教学运行体系。以此理念为指导，网络教学应运而生。它不仅能改变师生既有的角色地位，也能改变传统教学中师生之间的结构关系，是改革课堂教学模式的又一平台。基于此，学校大力推行网络教学，着手研究网络教学与传统教学的优势互补，探讨网络教学的有效途径，为学校的新课程改革增添一道亮丽的风景。

首先，学校建立了独具特色的校园网站。网站内容丰富，所设立的栏目在帮助社会了解学校的过去、现在，了解学校教育教学改革动态，与兄弟学校交流教育经验，提高家庭教育方法等方面具有重要作用。学生可以随时登录校园网站进行全方面的学习，如通过“师生互动”栏目，与学校管理人员、教师展开充分交流，自由发表自己对学校的意见和建议；通过“学习乐园”，进行自主学习，培养学习能力，拓宽知识领域。

其次，学校投资四十余万建立了功能齐全的网络教室。网络教室设有五十多台电脑，均连接了互联网。教师们经常带领孩子，以此为平台，开展网络教学，鼓励学生进行“自主发现、自主探索”式的学习。学习中，学生可随时举手向教师提问，教师也可以通过主机监控任何一位学生的学习进展情况，及时通过音频、视频信号的传送进行个别辅导、分组解答或转播讲解以及个别提问。通过网络教学，所有学生都能主动参与学习，真正成为学习的主人，实现自我教育，师生之间能更好地建立起平等民主的合作关系。

学校的网络教学不仅促进了学生的全面发展，而且成为学校的一大特色。网络课在全区教学活动中展示，获得高度评价；课题“小学数学新课程网络教学资源开发与应用研究”获得省级一等奖；教师们开发的二十多个教学资源获得省级奖励。

几年来，学校以构建魅力课堂为中心，在教育教学上取得了可喜的成就。学生得到了全方位的发展，交流能力、写作能力、实践能力、创新能力等综合素质得到了提高。2006 年，学校获得湘潭市青少年科技创新大赛优秀组织奖、湘潭市首届少儿诗文诵读大赛优秀组织奖、国家少年儿童艺术教育成果展集体组织奖。

学校先后被授予全国先进实验学校、全国艺术教育特色单位、湖南省课程改革实验工作组织奖、湖南省现代教育技术实验学校、湖南省学校体育工作先进单位、湘潭市首批示范性学校等多项国家、省、市级荣誉称号。

十年的积淀，十年的成就，不是一个结束，而是一个新的开始。行者无疆，在新课改的漫漫长路上，我们始终风雨兼程，奋然前行！

为综合实践活动插上腾飞的翅膀

五十多年的峥嵘岁月，积淀了学校浓厚的文化底蕴，使学校发展成一所拥有学生近两千名的全日制完全小学。2001 年，伴随着新课程改革的春风，综合实践活动进入校园。全体师生以饱满的热情投入这一全新课程的实践中，从最初的迷茫困惑到日趋成熟，凭借着师生的热情与勇气、执着与创新，学校综合实践活动经历了蓄势、探索、腾飞三个阶段，走出了一条属于自己的成功之路。

一、蓄势阶段：提高认识，夯实基础

（一）务实求真，转变观念

学校成立了综合实践活动研究小组，骨干教师先行一步，学习了《中小学综合实践活动课程指导纲要》等文件，提高了思想认识。为了转变全体教师的观念，采用“走出去，请进来”的方法，一方面组织教师到长沙开福区观摩学习，借鉴他们的宝贵经验，另一方面多次邀请专家教授来校做专题讲座。同时，利用每周的校本教研时间开展综合实践专题研讨活动，就其主题开发、活动方法、活动评价等问题进行集体研究。在多种形式的培训下，教师的传统观念转变了，思路开拓了，综合实践活动的理念已经播种在教师们的心中，只要精心浇灌，它一定会迸发出勃勃生机，成长为参天大树。

（二）建章立制，规范管理

有规矩才能成方圆，要使综合实践活动全面铺开，规范合理的制度必不可少。学校统筹规划，制定了各项规章制度，规定三至六年级指导教师每学期初必须制定一份详细的综合实践活动计划，每学期组织学生开展两至三次主题活动。

为了调动教师参与活动的积极性，学校在《综合实践活动课程教师工作量规定》中指出，教师组织学生开展活动的时间可算作相应节数的代课或加班。同时，《综合实践活动教研制度》规定指导教师每学期推出一节成果展示课，以供探讨、研究。这些制度的建立为综合实践活动课的顺利实施起到了保驾护航的作用。

二、探索阶段：深入研究，实践创新

（一）范例引发，开拓思路

良好的开端是成功的一半，第一次活动的开展至关重要。研究组的教师们以生为本，广泛征集学生感兴趣的主题，最后将“奇特的槟榔现象”定为第一次综合实践活动的主题。教师和学生一起走街串巷，调查采访，查找资料，整理素材，了解槟榔的历史与发展，以及槟榔对湘潭经济的促进。2001 年 5 月，“奇特的槟榔现象”综合实践活动在全校展示，之后又被选送参加湖南省综合实践活动典型案例展示。这次活动得到了省、市、区领导的高度赞扬，获得了湖南省中小学生研究性学习课题展示二等奖。在历时近两个月的活动中，学生对这种全新的学习方式表现出极大的参与热情，教师也感受到了新课程的独特魅力，这一活动成为学校全面开展综合实践活动的精彩序曲。

（二）研究创新，形成模式

“一枝独放不是春，百花齐放春满园。”综合实践活动拉开序幕以后，学校又相继在全区推出了“走近中国象棋”“足球与湘潭”“沉着应对 WTO”“话说湖南烟花鞭炮”“公交车变形记”等主题活动。在实践中，课题研究组的教师汇集了开展活动的成功经验，提炼出实施综合实践活动课的模式。

此模式将综合实践活动提炼为活动流程、学生主体、教师指导三条主线。每条主线分为五个环节，各个环节紧密相扣，彼此促进，交互运作，推动综合实践活动有序开展。活动主题的选定，来自学生的主动发现和教师的信息捕捉。确定方案阶段，由教师协助学生制定目标，做前期准备工作。进入活动，学生体验探究，教师组织指导。回顾总结阶段，学生交流评价，教师参与引导。

综合实践活动具有生成性，在活动中往往能新生选题，师生共同探讨，为下一次活动的开展做选题准备。这个模式将综合实践活动的开展程序、方式方法、师生的交流互动有机整合，既是心血与智慧的结晶，也标志着学校的综合实践活动步入了一个理性规范的阶段。

（三）多元评价，形成体系

综合实践活动是一门开放性强的课程，建立完善的评价体系至关重要。学校建立了学生档案袋，采用学生自评、小组互评、教师评价及家长与社区评价相结合的多元评价策略，指导学生设计了学生参与综合实践活动个人自评表、综合实践活动小组互评表、综合实践活动小组活动记录表以及综合实践活动调查问卷表。

在多元评价方式的引导下，学生的能力得到了全面发展，社会、家长也更好地了解和接受了综合实践活动这门新课程。自此，学校的综合实践活动步入了发展快车道。

三、腾飞阶段：纵深发展，凸显特色

（一）捕捉信息 提炼主题

激发学生的浓厚兴趣是综合实践活动实施的首要条件，教师要在孩子们兴趣的传递中寻找一个个有趣的主题。

例如，“湘潭十八总老街文化之旅”这一主题的确立就来自于一篇学生日记。该学生在日记中提到了她小时候生活过的地方——十八总。教师敏锐地捕捉住这一信息并将其传递给其他同学，于是学校开展了以“湘潭十八总老街文化之旅”为主题的活动。孩子们参观了历史悠久的鲁班殿、唐兴桥，瞻仰了革命烈士秋瑾的故居，在抗日英雄纪念碑前庄严宣誓，向街头吹糖艺人询问传统制作工艺。交流会上，大家兴致勃勃地谈起了自己的所得、所获、所感、所想。

又如，在谈及学生所在的社区时，学生的问题很多，涉及的范围很广。教师根据实际情况，把学生感兴趣的问题设立成“社区综合实践活动课题超市”，包括社区的绿化、居民的住房、纺织印染车间的工作流程……这些主题活动的开展都是学生兴之所至，由学生自主选择，因此在活动过程中，学生一直保持着高度的热情，增强了学生的自主意识，培养了学生的探索精神和创新思维。依据学生兴趣和需要捕捉信息、选取主题，成为教师们的自觉行动。就这样，综合实践活动全面开花，学校将近几年开展的综合实践活动汇编成了一本本案例集。

（二）联系社区，建立基地

综合实践活动的主题来自生活、源自社会、取自自然，课堂不再是学生唯一的活动场所，大自然、社会也成为学生的实验室、研究所。由此，学校加强了综合实践活动与社区的联系。

首先，利用社区资源建立综合实践基地。学校地处湘潭市纺织厂社区，这里有享誉湖湘的“中国虎”品牌。近水楼台先得月，我们主动联系了相关负责人，将此作为校外活动基地，几届学生均在此开展活动。学生参观了中国虎销售大厅，采访了中国虎公司员工，了解了产品的宣传与销售策略，提出了一些有创意的想法。这些活动增进了学校与社会的密切联系，培养了学生的各种能力。

其次，建立校外指导教师人才资源库。学校每学期向社区、家长致公开信，邀请社区人员、家长前来参加课题会议，参与活动全过程，观看活动成果展示。几年来，学校共聘请一百多名专业人士担任校外指导教师。这些校外指导教师来自各行各业，具有各种专业知识，热心服务于学生，责任心强，对学生开展活动起到了很大的帮助、推动作用。

（三）整合学科，拓展延伸

学科教材是一个取之不尽的“问题库”，隐藏着大量值得研究的问题。我们将综合实践活动与文本创新性地结合起来，两者互为补充，互为促进，为学科教学与综合实践活动的开展注入了新的活力。

“走进百家姓”就是对语文教学内容进行重组整合的一次实践活动。这次活动主题的灵感来自小学语文教材第十册“积累运用三”。教学时，学生对《三字经》产生了浓厚的兴趣，他们提议：以百家姓为主题开展一次实践活动。主题一确定，教师便引导学生搜集资料，调查走访，并将收集到的资料整理为几方面。在汇报学习成果的过程中，学生或背诵名篇佳句，或简介名人功绩，引经据典，旁征博引，让大家感受到了浓浓的文化氛围。

学校部分校舍需要拆迁改造，课题组的教师组织学生参与校园东南侧的一块空地的开发设计。就这样，“我为校园规划蓝图”的主题应运而生，同学们兴致勃勃地参与其中：爱好数学的同学找来了卷尺进行测量；喜欢画画的同学着手图纸的设计；不少学生还递交了空地改造建议书。电脑课、科技课上所学的知识在这里都派上了用场，一幅幅精彩的作品在这些小设计师的手中诞生。

此外，学校还将综合实践活动与校本课程结合起来。如学校利用社区的人防教育资源，开发了校本课程《人防知识》。在人防知识的学习中，学生自主提出了开展“爱我国防，护我人防”的综合实践活动主题。在活动中，生成了向有关部门递交“倡议书”“建议书”等活动内容。根据学生需要，在汇编《人防知识》读本时，学校安排了五次实践活动内容，形成了校本化综合实践活动课的特色。如在开展人防综合实践活动过程中，学生对湘潭市公交车的发展变迁产生了浓厚的兴趣。在教师的组织下，他们兴致勃勃地开展了“公交车变形记”活动，此成果荣获市级一等奖。

学校在综合实践活动实践道路上努力探索，取得了骄人的成绩，被评为国家级课题实验校、新课程实施研究基地，获得了教育部新课程师资培训课题成果一等奖、湖南省科研课题成果一等奖、湖南省综合实践活动成果展评一等奖等十余项综合实践活动科研课题成果奖。

通过活动，学生丰富了知识，增强了创新意识，合作探究、口语交际、收集整理资料等能力都得到了很大的提高。962 班被授予湖南省研究性学习成果二等奖。有近五十件学生作品获得了省、市、区级奖励。在活动中，教师们的能力也得到了很大的提升，综合实践活动说课获省、市级一等奖，二十余篇论文分别获得省、市、区级奖励。国家级骨干教师培训者研修班的一百多名专家来校观摩并对学校的综合实践活动给予了高度评价。厦门教育学院庄力锋教授、山西省教育厅牛忠教授等为学校题词“开好综合实践活动课程，办出学校新特色”“课改开新花，育人结硕果”。

综合实践活动具有开放性、生成性等特点，但还有值得深入探究的空间。未来，我们将立足本校实际，脚踏实地，持之以恒，在综合实践活动课程研究这条开满鲜花的道路上且行且歌。

让传统文化之花在孩子心中绽放

传承传统文化，弘扬民族精神，培养审美情趣，丰富文化底蕴，锻造优雅人格，促进学生全面发展，是创建传统文化特色学校的目标。学校依托乡村青少年宫项目，开设了围棋、剪纸、武术、书法、舞蹈和鼓号队特色课程，大大丰富了孩子们的学习生活，开阔了视野，增长了见识。学校在传承的基础上，又在大课间活动时段引入了极具民族特色的太极扇和戏曲广播体操两大传统文化活动，让孩子们在传承中学习，在特色活动中幸福成长。

学校本着“让优秀成为习惯，让快乐洒满童年”的育人目标，秉持“红霞映日，书香沁人”的文化核心理念，不断提升办学品位，向个性化、特色化的内涵式特色学校发展，倾心打造湘潭市传统文化特色学校。

一、健全机构，完备制度，在规范管理中力求实效

（一）认真落实国家相关政策

学校全面贯彻国家教育方针和有关法律法规，认真落实《中华人民共和国义务教育法》《教育部关于当前加强中小学管理规范办学行为的指导意见》等，积极推进幸福素质教育发展，大力弘扬校园传统文

化，让学生得到全面发展。

（二）建立健全工作机制

学校成立了由校长任组长、党支部书记和教务处主任任副组长、班主任为组员的学校传统文化特色教育工作组，并聘请校外专业教师授课，定期邀请专家进行业务指导。工作组每学年召开2次专题工作会议，研究部署相关工作，会议纪要翔实。学校教务处承担传统文化特色教育工作职能，负责传统文化特色教育的具体组织与实施，整理汇编工作档案。

（三）科学规划促进落实

学校专门制定了传统文化特色教育三年发展规划，将创建各级传统文化特色教育学校纳入其中，并将此项工作作为每年年度工作计划和总结的重点。

（四）完善各项规章制度

学校传统文化特色教育工作制度完善，制定了传统文化特色教育工作组织实施、检查督导、评估评价等规章制度，完善了档案管理、值班值勤、活动记载、考核评估等工作制度。

二、搭建平台，营造氛围，于潜移默化中进行熏陶

（一）配齐配好师资力量

学校遵循少年儿童成长规律和发展需要，开设传统文化特色课程，专门聘请了专业的特色课程教师进行指导。同时依托乡村青少年宫项目专业师资团队，大力开展各类传统文化特色教育活动，让学生的能力得

到全面均衡发展。

（二）重视教师素质培训

建设一支有活力、高素养的教师队伍是开展好一切工作的基础。要让学生得到长足发展，首先就要有一个高素质的教师团队。学校十分重视对教师各方面能力的培养，通过“走出去，请进来”等多种途径组织教师参与各级各类学习和培训活动，并邀请教育专家来校进行指导性讲座、现场授课等多形式的现场培训，实现理论上的引领，提升教师的综合素养。

（三）营造良好的施教环境

学校在美化、绿化校园环境上下功夫，在净化、优化内部环境上做文章，校园里绿树成荫，栽植了茵茵草坪，清洁而美丽，校园文化的内涵宣传驻足可观，抬头可见，移步可感。教学楼过道布置了古典、优雅的书画作品，精心设计了师生在各项传统文化特色活动中的精彩瞬间橱窗，还有各类未成年人思想道德建设宣传文化……这些内容既给学生以美的享受，又营造了文明和谐的氛围，还让孩子们随时感受到传统文化就在身边。在这样的环境中生活，学生的身心是愉悦的，成长是必然的。同时学校设立了舞蹈室、围棋室、书法班、音乐室、美术室、鼓号训练班、武术训练班等功能室，一应俱全，全力保障传统文化特色活动的开展。

（四）确保经费投入到位

学校将传统文化特色活动纳入年度财政预算，结合乡村青少年宫项目的国家资金支持，每年投入经费不低于 5 万元，有效保障了传统文化特色教育的有效正常开展。

三、突出主题，拓展施教，在强化引导中凝聚合力

（一）经典诵读

读书好、多读书、读好书，是学校构建书香校园的目标，也是学校经典诵读的要求。每日晨读，低年级为经典诵读，高年级为美文品读，有效开展诵读经典、传承经典活动，让经典诵读常态化。同时建立班级图书角，每班一个，充分利用图书角的阅读优势，激发学生阅读兴趣。每周由学生组织自行进行图书更新，图书种类以经典古诗文、经典故事和文化传承为主，便于学生随时阅读。

（二）特色课程

学校开设了剪纸、手工制作、书法、武术、舞蹈、美术、鼓号训练等特色课程，并列入课程表，每班每周 1 课时。同时，规范课程体系，各年级特色课程有教学计划、教学设计与课件，并且有教务处的检查记录，把特色课程的开设落到实处。每学期至少有 1 次整体展示活动或观摩课。

（三）学科渗透

弘扬传统文化，打造特色学校，让学生全面发展，是学校的育人目标。通过多种渠道的培训和多角度的活动参与，教师们在教学中渗透传统文化教育的意识得到显著增强，能有效在多个学科课堂对学生进行学习方法指导，让每位学生将所学的特色课程与国家课程相融合，从而使学生的学习能力在原有基础上得到提高，增强学习兴趣，并积极参加各类竞赛活动，走出校园，走上更大的舞台。

（四）实践参与

学校定期举行传统文化特色课程展示活动，为孩子们创设展示的条件，搭建良好的展示平台，并邀请家长一同观看和参与。近年来，在传统文化特色教育活动的引领下，学生积极参加区级和市级“艺术百佳”等各类展示评选，并获得喜人的成绩，获奖人数和项目年年创新高。同时，学校还积极组织学生参与各类展示活动，不仅加强了家长对孩子的了解，增进了交流，还促进了不同家庭之间的沟通与学习，更丰富了学生的课外生活，同时也让家长了解了学校的办学理念，与学校一起共同构建传统文化特色教育体系。

（五）合力育人

准确把握学校、家庭、社会在学生特色发展与全面发展中发挥的作用，注重全面了解学生年龄特征、发展规律，建立学校、家庭、社会三位一体的教育体系，形成网络式育人环境，多渠道为学生特色发展创设条件，保证教育的同步性和一致性，有效促进学生的全面发展，为学校传统文化特色教育工作的长远发展奠定坚实的基础。

“教训子女，宜在幼时，先入为主，终身不移。”习近平总书记在讲话中谈道：“中国传统文化博大精深，学习和掌握其中的各种思想精华，对树立正确的世界观、人生观、价值观很有益处。”学校从丰富学生的视野及提高其文化素养等方面入手，让孩子们能够真正地接受、领悟“传统之美”，在当今喧嚣的社会大背景下，静静成长。

小学校本教研模式初探

“校本”（school－base）早在20世纪60至70年代就为欧美等国教育界所关注与探索。“为了学校，基于学校，在学校中”是“校本”最具代表性的特征。随着我国基础教育改革不断深入与普及，“校本”中“以校为本”的外涵空间得到发散式拓展：校本管理、校本教研、校本培训、校本课程。校本教研是以学校为阵地，以新课程中所面对的各种教学具体问题为内容，以教师为主体，以促进学生发展为宗旨，在教学理论指导下的实践研究。校本教研旗帜鲜明地强调三个基本理念：第一，学校是教学研究的基地；第二，教师是教学研究的主体；第三，促进师生共同发展是教学研究的主要而直接的目的。

在新一轮课程改革的时代浪潮中，校本教研作为推动新课改的重要举措，成为各校大力研究的对象。2002年，作为省级首批课改实验学校，我校确定了“以校本教研为立校之本、兴校之源”的教育教学思想，着手校本教研的研究和实施。二十余年来，学校积极推进校本教研进程，创新校本教研方法，探索出“双线并构，球形辐射”校本教研模式。2005年，在湘潭市校本教研现场会上，学校编撰的《校本教研专辑》作为全市唯一一本校本教研经验集发放给与会专家、领导，获得高度赞扬和大力推广。2009年，《“双线并构，球形辐射”校本教研的实践探索》获全国基础教育优秀科研成果一等奖。2012年，学校课改经验材料《沐浴课改阳光，构建魅力课堂》汇编于《湘潭课改》，参与十年课改经验交流，供与会代表学习。

在校本教研的推动下，学校获得了课程改革实验工作组织奖等多项荣誉，湖南教育电视台、湘潭电视台、《湘潭日报》等新闻媒体先后十余次对学校新课改成果予以专题报道 。

一、开展理论学习，把握校本教研内涵

校本教研是学校树立品牌特色，获得长远发展的基础。因此，学校将校本教研作为全校课程改革的切入点，根据实际情况和需要制定了切实可行的教研方案，使学校教研走上规范、理性、传承、创新的道路。

（一）加强理论学习，营造良好的校本教研氛围

课改实验初期，校本教研在学校是一个全新的课题，教师们对其丰富的内涵和重要的意义缺乏明确认识。没有理论认识的高度，就不会有自主自觉的实践行动，全校教研改革的推动也将举步维艰。在此情况下，学校通过多种形式的理论学习，将校本教研的理念根植于教师的心中，使其成为教师的自发需要和自主行为，为校本教研的开展打下了坚实的基础。

（二）专业引领，更新教师的教学理念

校本教研提倡以校为本，但绝不代表可以闭门造车，因为校本教研是在一定理论指导下的实践性研究，缺少先进理念的引领，就会导致教研肤浅化、形式化、狭隘化。为此，学校主动争取专家来校指导工作，帮助教师掌握教育前沿的先进理念，树立全新的教学观念，以更好地适应校本教研氛围，促进学校校本教研更好发展。

（三）自我反思，深化教师对校本教研的认识

教师个人的自我反思、教师群体的同伴互助、研究人员的专业引领是校本教研的三个核心要素，它们构成了校本教研的三维关系。其中，自我反思是开展校本教研的基础和前提，是提升教师专业素质的有效形式。学校要求教师自主学习，实现自培提高；制定学习任务，定期组织交流活动；建立成长记录袋，注重反思总结。

全校性的理论学习，增强了教师"人人参与教研"的意识，使教研活动成为教师生活的重要组成部分，促进了教师专业化成长。

二、建立管理机制，保证校本教研有序开展

（一）层层推进，构建校本教研网络

为贯彻"教研兴校"的方针，全面提高教育科研质量和教育教学效率，学校规范管理，逐步建立起与课程改革要求相适应的层层管理机制，形成了校长总负责，业务副校长直接抓，教导处、教科室督促检查，教研组具体实施的管理模式。

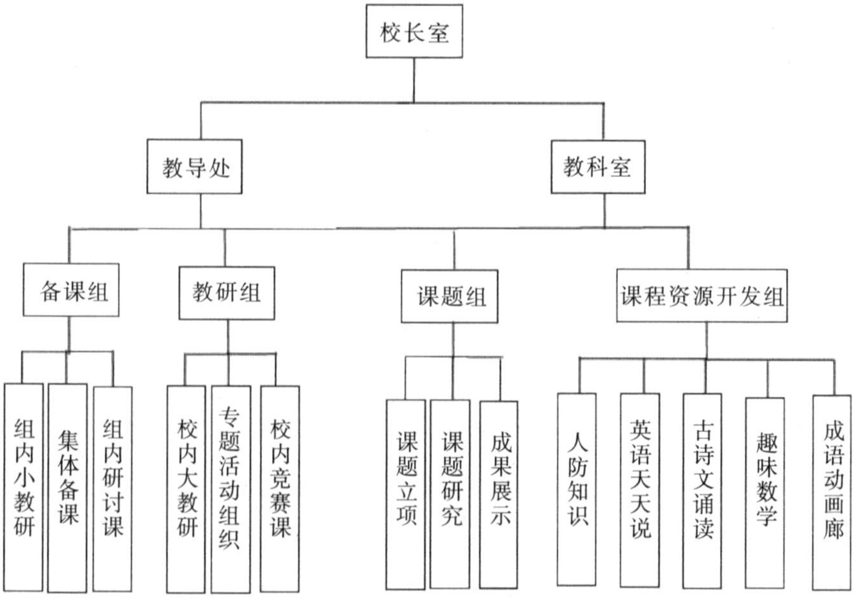

（二）建章立制，为校本教研提供有力保障

学校行政和广大教职工通过反复讨论，修订、健全各项规章制度，用以规范教育教学行为，使管理工作逐步“制度化”“科学化”“人文化”。

（1）制定校本教研制度，提出校本教研“五三三”要求。

（2）制定《校本教研中校长工作职责》《教育科研管理条例》和《教研课题管理制度》，真正落实“科研兴校、科研兴教、主体发展、因材施教”的学校发展总目标。

（3）制定《教研组考核细则》和《教研组长岗位职责》。学校共有 17 个学科教研组，由教研组长组织教研、集体备课、听课、评课等业务学习。从每周组内小教研、单周校内大教研、竞赛课、论文、业务学习、上交资料等几个方面对教研组进行考核，评选出优秀组，并以此作为区、市优秀教研组参评的条件。

（4）制定《骨干教师传帮带制度》《教研组集体备课制度》《课堂教学评价量表》《教师教学反思制度》《校本教研成果奖励方案》等。

校本教研制度的建立健全，为校本教研活动的顺利进行提供了有力保障。

三、立足学校实际，实施特色校本研究

朱慕菊指出，校本教研的基本特征是以校为本，学校是教学研究的基地，教师是教学研究的主人，教研必须围绕学校自身遇到的问题开展。以此为理论依据，学校树立了“源于实践，指导实践”的教研思想，立足实际，综合运用行动研究法和个案研究法，既大胆实践，传承创新，又注重总结经验，探索规律，提炼出富有学校特色的“双线并构，球形辐射”校本教研模式。

（一）实践“双线并构”的校本教研

双线并构，指学校备课组小教研和学科组大教研既相对独立、纵向延伸，又相互渗透、彼此交叉，形成相得益彰、螺旋上升的良性发展态势。此教研模式的提出源于学校校本教研改革初期客观存在的两种极端现象。具体而言，一部分课题意识弱的教师满足于以日常经验解决那些琐碎的日常问题，自下而不上，缺乏必要的追究与设计，这些日常的教学问题虽然不断被解决，但教师却很难从整体上转换自己的教学观念，改变自己的教学行为，成长为研究型教师；与此相反，一部分课题意识太强的教师热衷于热点问题、重大问题，自上而不下，对自己日常教学中的实际问题视而不见，满足于大问题、大课题，忽视了教室里每天都

在发生的真问题和产生的真困惑。为了有效解决此问题，学校创造性地提出了备课组小教研与学科组大教研两种形式有机结合的“双线并构”模式。

备课组小教研，以备课组为单位，以解决教学实践中存在的各种问题为重点，以“组内互助，自我反思”为基本方法，达到促进常规教学的目的。组内小教研采用“一点五步”的基本模式，即以教育教学中产生的问题为出发点，将整个教研分为“挖掘问题—深度剖析—实践论证—反思总结—经验共享”五个步骤进行，要求有案例分析、现场研讨、经验汇报、教研实录等。在小教研中，教师们可以对自己近期的教学行为进行剖析反思；可以借助微格教学，展现自己的教学理念和教学设计；可以通过信息交换，对教学重、难点集中研究突破。

由于小教研规模小、人数少，因此具有易组织、灵活变通的特点，除学校每周一次的规定教研时间外，教师随时可以进行思想的碰撞、心灵的交流，达到触发灵感、优势互补的效果。17 个备课组每学期都能交上一本厚厚的教研记录本，这是教师们教学经验的宝贵总结，也是学校小教研活动蓬勃开展的有力见证。

学科组大教研，以学科大教研组为单位，以理论提升为重点，以“专业引领，专题学习”为主要形式，达到促进教师专业化成长的目的。学校从实际出发，提出了大教研“二三四”方案，“二”指“两个结合”，即教研与学科特点结合，校内大教研与组内小教研结合；“三”指“三保证”，即时间保证、人员保证、效率保证。如学校规定星期三下午第一节课后为语文、数学、英语分科教研（学科大教研）时间，要求全员参与，并将参与情况纳入教师月考核；“四”指专题学习、课例研讨、经验共享、问题会诊四大板块。专题学习，围绕每学期学校制定的教研计划，组织教师听专家讲座、研读教育教学专著；课例研讨，组织学科组教师针对校内展示课或是名师课堂进行探究；经验共享，各备课组将平时教学实践和小教研中总结、归纳出来的经验进行展示、推广，达到各备课组互通有无、取长补短的目的；问题会诊，备课组将平时教学中遇到的疑点、难点，转化为大教研中学科组群体共同关注和思考的问题，集中讨论、解决；课题研究，每周一次的学科大教研，增强了教师们的团队意识，使各年级教师形成一股合力，也使学校教研更加理性化、规模化，促进了教研的纵深发展。

学校校内大教研与组内小教研互为补充，拓展延伸，将教学实践与教学研究融为一体，为教师全员参与校本教研创设了环境和条件，促进了教师专业化成长。这种教师对话交流制度和螺旋上升的研究形式，使学校教研组迅速成长起来。

（二）实践“球形辐射”的校本教研

专家指出，校本教研是在教育教学情境中生成的教学研究，其直接目的就是改进学校的教育教学，促进师生共同发展。学校教育教学改革的前沿和主阵地是课堂，基于此，学校以大小教研为中心点，以课堂教学研究为重点，以推行集体备课、组织赛课沙龙、创建教师博客圈为辐射点，形成校本教研球形网络，达到提高教师课堂教学水平，增强校本教研实效的目的。

辐射点一：实施创新型的集体备课

研究表明，校本教研只有转化为教师个人的自我意识和自觉自愿的行为，才能得到真正的落实和实施。学校认为，将教师工作常态之一的个人备课转化为一种合作性的参与式研究，能够更好地将教学研究渗透到教师的日常工作中，极大提高教师参与教研的热情，激发他们的主动性和潜能。同时，合作性的备课也是优化课堂教学，提高教师专业水平的有效途径。在此理念的指导下，学校的集体备课制应运而生。

近年来，学校多次修改完善了《电子备课制度》，明确了集体备课“全、明、勤、深、新”五字原则，即计划全、分工明、交流勤、反思深、创意新。学期初，教研组长全面制定本学期集体备课计划，将学期备课任务按单元分配到各教师。各教师在充分钻研教材、集体交流商议的基础上，分头撰写电子教案，同时完成所备教材的素材收集和课件设计，供组内教师共享。使用他人电子教案时，教师必须根据班级学生实际情况和教师个人教学特点进行有针对性的教学再设计，实现教学再创造。

为了避免出现集体备课“大一统”的常见弊端，学校特别强调教师的自我反思和个性创造，在管理中做到奖惩分明，一方面通过听随堂课、抽查课卷等方式加强检查，对不合规定者做出处罚，要求整改；另一方面设置了“最佳再设计”和“最佳反思”两大奖项，鼓励教师反思创新，在博采众长的基础上实现自我提升。这种开放的集体备课方式，为学校全面提高课堂教学效益，促进学生发展奠定了基础。经过不断实践，反复摸索，学校提炼了以下集体备课模式：

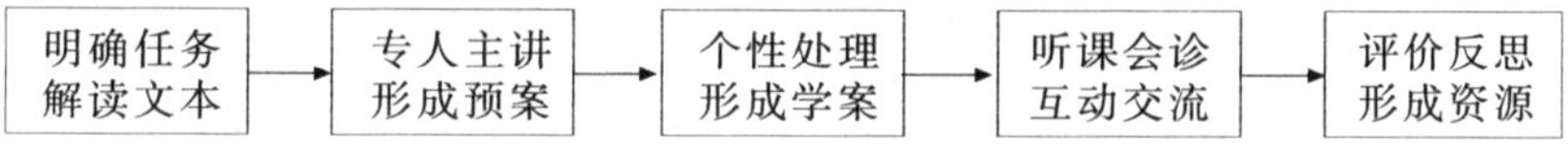

辐射点二：开展多层次的赛课沙龙

课堂是教学研究的实验室，新型课堂观的构建是校本教研的重要内容。学校以课例研讨为切入点，开展各种形式的赛课沙龙，既强调合作，又鼓励竞争，努力为教师提供自我展示的舞台。

组内赛课沙龙。学校在《教研组考核细则》中规定每学期每位教师至少上一节组内研究课，作为教研组的一次教研专题活动，组内教师组成“做课班子”，集体备课、听课、评课。学校提出了“分类研讨，总结共性，关注细节，突出个性”的指导思想。首先要求各教研组按教学内容展开专题赛课，总结出具有普遍意义和指导作用的教学模式，用于指导教师日常教学。在此基础上，根据学生实际情况和教师个人特点进行再设计，形成教师个人教学风格。在大量实践与论证的基础上，学校创造出“个人钻研—试课评课—讨论交流—二度设计—再次授课”的组内研讨模式。

校内赛课沙龙。在组内赛课的基础上，学校每学期举行全校性的专题赛课活动。通过专题赛课，以赛促研，以赛导学，形成氛围，提高全体教师的专业素质。这项活动的一大亮点是，赛课后教导处以自我反思、同伴互助的形式组织开展分科评课活动。在自由宽松的研讨氛围中，执教者谈设计思路、心得体会，听课者谈评课意见，共同解决疑难困惑，获得专业发展。近年来，学校先后组织了“在课堂教学中实施教师角色转换”的“说—授—评”活动、“在课堂教学中如何使学生的学习更有效”的青年教师赛课等多项大型赛课活动，编撰了近十本优秀案例集。在浓郁的校本教研氛围中，学校涌现出了一批省、市、区骨干教师，近几年，三十多人在区级以上赛课中获奖。

辐射点三：构建教师博客圈

随着学校课改的深入进行，在校内进行的教研，由于受时间、空间以及组织的局限，越来越不能满足教师充分研讨的需要，教师们渴望突破传统教研的限制，让研讨更加自由化、多样化。为了解决这一矛盾，学校将校本教研与时代浪潮相融合，与信息化技术相结合，引入了教学博客这种便捷的现代化交流工具，使其成为教师进行专业对话和深度会谈的有效手段，进而发展成学校全新的教研平台。

学校业务副校长带头实践，建立了学校学科博客圈，围绕“课堂教学、教学反思、教学研讨、圈子论坛”等方面来设置内容。这种现代化的交流方式深受教师们的喜欢，他们纷纷建立起自己的教学博客，并积极加入学校博客圈。在圈中，教师们可以发表自己精彩的教学案例、教育叙事、教学心得等，实现资源共享；可以表达自己对教学的一些看法和观点，充分和他人进行交流，促进教学水平的提高；还可以吸收借鉴他人的教育教学经验，形成优势互补。同时教学博客也成为教师们张扬个性的自由舞台。

2008 年上学期，在学校“如何提高课堂教学有效性”专题赛课活动中，某教师在执教《丑小鸭》一课时，大胆地将“丑小鸭应不应该离家出走”作为贯穿全课的主线。在大教研的集中评课中，区教研室领导和学校行政对她的这一设计提出了异议。评课后，该教师在自己的教学博客中发表了“我仍然坚持”的博文：“教参上明确指出在此文的教学中可以对学生进行不要随意离家出走的思想教育，为什么我就不能以此为主线呢？难道教参也错了吗？我坚持我没有错。”一石激起千层浪，教师们纷纷在博文后跟帖表达自己的看法，一场更深入、更民主、更能体现个性的教学研讨就此展开。实践表明，以博客为平台进行交流，能够摆脱传统教研在时间、空间以及形式上的限制，教师们可以更加冷静、理性、深入地进行思考，展现自己的个性，推动校本教研的民主化、常态化。

另外，博客还创新了师生的交流方式，使学生可以与教师进行“一对一”的坦诚对话。如部分教师在博客上设置了“师生平台”栏目，他们将自己在教育教学中的故事、随感发布在栏目中。学生通过浏览教师博客，可以加深对教师的理解，大胆表达与教师面对面交流中不敢表达的想法，从而拉近师生心灵的距离。

传统教研往往局限于学校内部，由于多种原因的制约，不同地区、不同学校之间很难开展经常性的充分研讨和交流。随着学校博客圈的扩大和完善，我们惊喜地发现，它成了校际教研的一个崭新平台。许多来自不同省市的教师成为博客圈的经常访客，他们学习先进的校本教研管理经验，并将其运用于学校教研实践，如《电子备课制度》被来自广西、山东等省的多所学校借鉴，他们纷纷发帖对学校教研给予肯定。另外博友们也通过评论、留言等多种方式介绍自身经验，他们的参与为教研注入了新的力量。目前博客圈点击率与日俱增，它使教研走出校园，突破地区局限，更加开放化、灵活化。

教师教学博客的创建，创新了工作方式，加强了教师与教师之间、教师与学生之间的交流，对课堂教学改革起到了推波助澜的作用，也为校本教研的开展提供了更为广阔、自由的交流平台，使教学研讨成为教师的工作常态。

辐射点四：进行多项课题研究

学校将课题研究与校本教研紧密结合。在学校课题研讨过程中，发动全员参与。各位教师围绕这些课题，开展教学研究活动，形成了“学校—学科教研组—年级备课组—教师个人”的学校教学研究网络。学校注重课题管理，一是抓计划制定。课题组成员每学期都要针对自己的研究情况制定操作性强的学期课题研究计划。二是规范过程管理，做到三个“一”：每月组织一次课题组活动；每学期每位成员开一节课题研讨课；每月进行一次主题活动。三是常反思、常总结。要求课题组成员平时做好课堂教学的记录，期末认真撰写课题研究总结。全体教师积极参与观摩研讨、教学反思、案例分析、问题会诊等一系列活动，把课题研究落实到日常的教学实践之中，一方面提高了教师的课题研究能力，另一方面有效提高了学校教育科研质量。

作为湖南师范大学课改中心“综合实践活动实施”课题实验学校，我们以开发综合实践活动课程资源为内容，进行研究和实践。在一次全校性综合实践活动展示中，部分教师对“综合实践活动”与“语文综合性学习”界定不清。为此，学校组织了专题研究“综合实践活动课程与语文综合性学习的区别”，以《成语大本营》《小鬼当家》《走进百家姓》三节综合实践活动课为例，从学科分类、目标达成、形式表现等方面进行分析，引导任课教师认清了两者的区别，澄清了模糊认识，从而使得综合实践活动课程研究有了质的进展。

学校将二十多个优秀案例汇编成《综合实践活动案例集》，供教师们学习。综合实践活动课程资源的开发和利用，将小课堂与大课堂结合起来，强化了教师指导作用和学生主体地位。

近年来，以校本教研为载体，学校还开展了教师角色转化的研究、数学网络资源的开发运用、学生社会适应能力的研究等湖南省“十五”规划课题研究，均获省级一等奖。

四、凸显学校特色，结出校本教研硕果

几年来，学校的校本教研活动取得了良好的效果，主要表现为：

（1）校本教研，促进学生的全面发展

通过科技创新、综合实践等活动，培养了学生与人交流能力、写作能力、实践能力、创新能力等，学生的综合素质得到了提高。近三年，学生纷纷动脑动手，其成果获区、市乃至省级奖项两百多人次。学生参

加各级竞赛，成绩喜人，《小学生导刊》《湘潭日报》《小学生作文》等报刊上随处可见学生的成长足迹。

（2）校本教研，促进教师的专业成长

近三年，在校本教研的推动下，教师们向科研型、专业型教师发展。目前，学校有省特级教师 1 人，中高级教师 2 人，市、区级骨干教师 5 人，三十多人被评为市、区级优秀教师。教师们不断总结，撰写论文、教学设计等两百余篇，获得国家、省、市级奖励，十余篇在省级教育刊物上发表；有三十余节比赛课、展示课获省、市级奖励。在良好的校本教研氛围的熏陶下，青年教师成长迅速，多次在市级以上赛课中获奖，执教的课例被湖南省教育音像出版社录制成光碟向全国发行。

（3）校本教研，提升学校的办学品位

2005 年，学校编撰的《校本教研专辑》推广到湘潭市各所学校，受到一致好评。近年来，四十多所兄弟学校来校学习校本教研管理经验，均表示受益匪浅。学校将“国家基础教育课程改革实验”作为校本实验主课题进行研究，并承接市级以上科研课题十余个。学校近十项课题获得省级以上奖励。体育课题“提高小学生社会适应能力的途径与方法研究”、数学课题“小学数学新课程网络教学资源开发与应用研究”以及“小学思品课件的制作与运用”“课程资源建设中教师角色的转换研究”均获省级一等奖；《创建学习型学校，走内涵发展道路，促教师专业发展》《积极开展校本教研，促进教师专业化成长》分别被评为教育部“十五”规划中央教育科学研究所“新课程师资培训”课题优秀成果一、二等奖。

综合实践活动成果交流汇报获得省级一等奖；课例“奇特的槟榔现象”被评选为湖南师范大学课改中心的优秀案例；课例“十八总老街

文化之旅”参加说课比赛获得省级一等奖；课例“体验‘打工’”在湖南师范大学课改中心与湖南省教育管理干部培训中心举办的基础教育新课程骨干培训者国家级研修班上展示，受到来自16个省、市的80余名与会专家及学员的高度评价，此次活动被湖南教育电视台《新视点》栏目摄制，制作成专题节目《这也是课堂》。

近年来，学校先后被授予全国先进实验学校、全国教育科学“十五”教育部规划课题“新课程师资培训”工作先进单位等多项国家、省、市级荣誉称号。

校本教研助推教师专业化成长

在实施新一轮基础教育课程改革实验推广工作的过程中，我们充分认识到，学校是课程改革的基本单位，学校的发展必须依靠教师专业水平的提高，教师专业水平的高低直接关系到学校课程改革的成败。为此，学校以促进教师专业化成长为目标开展了“立足实际、研训一体、传承创新”的校本教研活动，本着“巩固、提高、发展”的方针，采取了不同形式，多途径、多层面地进行校本教研活动，形成了开放的校本教研体系，推动了学校新课程改革推广工作的进程，促进了教师专业化成长。

一、立足实际，建立校本教研管理制度

学校管理是学校教育生态平衡形成的关键。没有学校管理制度的重建，就不可能有课改目标的真正实现。新的课程理念呼唤建构新的学校管理体系，以达到“没有管理的管理”境界。

学校根据实际情况，形成了以校长为第一责任人的校本教研领导班子，由校长担任校本大教研组组长，副校长担任副组长，学校行政和教研组长担任各学科组组长，全体教师参与其中任组员。接着对原有的规章制度进行了修改、补充、完善，在此基础上建立了新的校本教研制

度，每学期重新制定符合本校实际的《教学、教研工作计划》。各项规章制度的建立带来了一整套与新课程相匹配的管理体系，形成了以教研工作为中心的激励机制、导向机制，使学校的教研活动、新课程改革的深入推广得到了有效的保证。

二、提高认识，增强校本教研意识

教师专业化水平提升是一个综合发展的过程，离不开教师对教育理论的学习，离不开教师的教育教学实践锻炼和对教学经验的积累。校本教研涵盖了这些内容，开拓了一条促进教师专业化成长的新途径。为了让全体教师能深入理解“教师是校本教研的主人”这一理念，学校采取“研训一体”的策略，对全校教师进行校本培训。学校将行动研究确立为校本培训的新理念，教师即研究者，推动教师从经验中学习，在反思中成长，将学习与实践相结合，反思与总结相结合。

反思性教学是突出教师主体性，通过教师个体进行自我教育，提升教师教育专业素质的有效形式。学校注重教师的反思性学习，引导教师对自己的教育教学行为进行反思、总结、提高，定期组织经验交流会、专题沙龙研讨等活动，达到资源共享、共同进步。

学校有计划地组织骨干教师、名教师外出学习，或请专家来校开讲座，介绍国内外最新的教育教改信息、典型的教学经验和先进的教育理念，促进教师更快更新教育教学理念。同时，学校负责教学的行政人员直接参与校本教研活动，检查、落实、保证校本教研有序、高效地进行，与教师们一同进步，以此促进每位教师增强校本教研意识、提高专业成长的紧迫感、自觉性。

三、研训一体，确保校本教研质量

（一）专题研训，开展活动

学校围绕教师教育教学中的各种具体问题，确定专题，展开研究，旨在解决教学实际问题，提高教育质量。

具体做法之一：各教研组长负责收集教师教学中的问题，整理、归纳、填写学科组校本教研专题计划表，制定翔实的教研计划，安排专题教研时间，开展专题教研活动。值得一提的是，“专题”并非全是问题，专题研讨的中心话题可以是教育思想、教学方法、案例设计、教学难点疑点、研究性课题、理论性学习、学生现状分析等多方面的内容，根据教学实际而定。

学校多年来一直有一个良好的传统做法，即一年级教师必须经过校内培训才能上岗。实行新课程改革推广工作以来，我们沿袭了这种传统，坚持对一年级教师进行新课程培训。每学年开学初安排课改实验先行年级教师与新一年级教师座谈，共同探讨新课程实施中的问题，提出值得借鉴的经验和方法，以使新一年级教师更快更好地进入新课程的角色之中。这些教研活动均有记录、有讨论、有启示、有总结，教师将教研活动中自己的所感、所悟写成心得笔记，指导和改进日后的教育教学工作，真正做到了以教研促教学。

具体做法之二：每逢学校安排学科研讨课任务，研讨课的主攻内容就成了“研究专题”。学校组织有关教师组成“做课班子”，集中集体智慧，集体备课，实行“个人钻研—试课评课—讨论交流—二度设计—再次授课”的研讨模式，教师们参与其中，做课、听课、评课，从中获益，受到鲜活的、实在的课例熏陶。学校有一个规定：每学期每位教师至少上一节组内研究课，这节课就是教研组的一次教研专题。学校每学期还举行全校性的赛课活动，以赛促研，以赛导学，形成氛围，提高全体教师的专业素质。这项活动的亮点是赛课以后精彩的分科评课，学科组以自我反思、同伴互助的形式展开。

具体做法之三：开展现代教育技术培训，开辟校本教研专题网站，充分挖掘网络资源，使之更好地服务于校本教研。学校根据教师们的意见，有针对性地设置了校园网校本教研栏目如“分科年级课件资源库”“教学研究论坛”“学科专业指导”“网上留言”等。“网上留言”栏目发布教师教学反思、专题谈论、教学日记、教学随感等反映教师心声的文稿，涵盖了“个人反思”“同伴互助”“专业引领”的校本教研的三个要素。校本教研专题网站的开设，为教师们创立了又一个展示自我才华的舞台，极大地激发了教师参与校本教研的热情。

（二）专业引领，正确导向

学校经常争取省、市、区专家来校指导，利用这一专业引领，突破教学中的“瓶颈”问题。每当专家来校，学校都会充分安排时间，给教师们与专家对话交流的机会。此外，学校还经常组织外出学习、理论讲座、自学、读书等活动。

在校本教研实践中，学校的每位教师均得到了长足的发展。省、市、区骨干教师、新课程实验教师凭着对教育的追求和执着的钻研精神，率先成长起来，这是学校珍贵的财富，她（他）们也成为学校教研的“专业引领”。为充分发掘这部分教育资源，学校沿袭了一贯的优良传统——师徒结对子，开展传帮带活动。由学校制定师徒合同，颁发师徒对子证书。师父要手把手地带徒弟，师徒二人每周相互听课不少于两节，每学期师父还要指导徒弟至少上一节全校性的公开课。徒弟在师父的帮助下必须经过“合格型—提高型—拔高型—研究型”的成长过程。实施新课程以来，学校教师结成师徒关系三十几对，师带徒，徒促师，师徒之间教学相长，得到了共同提高。

（三）课题研究，集体攻关

课题研究也体现了校本教研的力量。做课题要扎扎实实，光靠一两个人的舞文弄墨是虚假的研究，不能促进全体教师的成长。

学校于2002年起参与教育部基础教育课程研究湖南师范大学中心的“综合实践活动实施”课题。此课题研究以三至六年级学生综合实践活动课程开发为对象，以学生参与社区服务和社会实践专题活动为研究内容。

做此课题有一定的难度，单靠几个人是拿不下的。学校经研究决定以课题为龙头，组织研究团队，进行集体攻关。在浓郁的研究氛围中，一个又一个鲜活的课题内容被发掘出来。“奇特的槟榔现象”被选送参加了湖南师范大学课改中心的优秀案例研讨活动；“体验‘打工’”被湖南教育电视台制作成《这也是课堂》的专题报道。这些优秀课例在学生中一届又一届地做下来，课题组的教师通力合作研究，将这些课题做得更加完善，为学生、家长、社区人员所欢迎。以校为本做课题，为教师的专业化提高铺设了一条成长的道路。

（四）合作开发，校本课程

新课程观认为，教师是课程的开发者、实践者。为适应新课程实施的需要和学生全面发展的需要，学校依托校本教研进行了校本课程开发的探索。

1. 开发人防教育课程

作为湘潭市小学人防教育实验校，学校从2001年11月起在五年级学生中开设此课程。在具体的实施过程中，我们认为很有必要开发一套适合小学生教育的人防读本。因此，学校组织有关教师开发了一套适用于小学生的《人防知识》教材，以此教材在五年级学生中开设人防教育课程。

2. 开发阅读活动课程

《义务教育语文课程标准（2011年版)》中规定九年义务教育阶段学生的阅读总量应当在400万字以上。但是目前语文教材中文章篇目较少，达不到课标要求，同时，学生的课外阅读习惯和阅读量也普遍不能令人满意。这些问题触发了教师的思考，为了全面提高学生的语文素养，培养学生的综合能力，二年级教师在教研时引发了开设阅读活动课的话题，并付诸实践，以此课程加大学生的阅读量，扩大学生的阅读面，帮助学生形成丰富的语言积累。此类课程是教师对学科类课程进行延伸、拓展、整合所开发的校本课程。

3. 开发小学生围棋课程

校内有一位小学生课余围棋指导教师，所带学生参加比赛，获得过省、市团体、个人第一名的好成绩。这吸引了教师中几位围棋爱好者，他们结合成一个校本课程教研组互相研讨，开发了系列围棋专题活动内容。在实践过程中，形成了一整套以培养学生兴趣、吸引学生积极参与的小学生围棋教学方法，用于教学中，收到了良好的教学效果。

教师还根据学生发展的需要开设了书法、篮球、乒乓球、手工剪纸、社会体育、电脑制作、科技活动等深受学生喜爱的校本课程，提高了学生的综合素质，发展了学生的个性特长，也为教师的个性发展开辟了更为开阔的空间。

四、“教、修、研”相结合，多途径、全方位开展好校本培训

在校本培训活动中，学校坚持“常规立校、科研兴校”的思想，以师德教育为根本，以现代教育理论、教育科研、教师职业基本技能和现代教育技术的运用及高学历（含第二学历）培训为重点，坚持以课题为载体，以“教、修、研”相结合的校本培训模式，切实抓好校本培训工作，努力提高教师素质。

（一）以基本功为基本要求，努力提高教师职业素质

集中培训和自学相结合。教师的基本功是继续教育的重要内容，是提高教师素质、提高课堂教学质量的关键。在自培活动中，要求培训教师有计划、有反思、有重点读书笔记，形成书面材料。

以测试促进培训工作。积极组织教师参加普通话基本功测试，目前全校教师普通话合格率为100%。

（二）以研促培，教研结合，促进继续教育工作的开展

重视教科研工作，以省级课题“小学校本教研实施策略研究”为载体，进行“教、修、研”结合的课题实验研究，促进教育教学质量的全面提高。坚持组织开展校级公开课、竞赛课、教案竞赛、教育教学经验交流、专题讲座，并请专家指导科研工作。2003 年 9 月，学校邀请了湘潭市教研室教研员吴福雷老师作“校本教研”专题讲座；除参加上级主管部门组织的新课程系列培训外，还派教师赴杭州、淮南、黄山等地听课、研修学习达 11 人次。目前学校有两个省级课题，五个市级课题。课题的研究增强了教师们的科研意识，提高了教师们的理论、

研究和教育教学水平。

（三）开展现代教育技术培训，搭建学习交流平台

提高教师计算机应用能力，利用暑假进行现代教育技术培训。现在学校全体教师都能操作电脑，使用多媒体技术辅助教学。现代教育技术的掌握和应用为教师进行校本教研活动提供了一个相互学习和平等交流的平台。

（四）开辟校本教研专题网，拓宽校本教研实验渠道

为充分挖掘网络资源，使之更好地服务于校本教研，依托学校教育网，开辟了“校本教研”专题网。“个人反思、同伴互助、专业引领”是“以校为本”的教学研究的三个基本要素。教师个人、教师集体、专业研究人员是校本研究的三个核心要素，他们构成了校本研究三位一体的关系网，教师个人的自我反思、教师集体的同伴互助、专业研究人员的专业引领是开展校本研究和促进教师专业化成长的三种基本力量，三足鼎立，缺一不可。为此，根据校本教研的三个要素，有针对性地设置栏目：“课题简介”“研究动态”“研究论坛”“专家指导”“校园社区”“网上留言”。“课题简介”介绍本课题的申报立项的基本信息；“研究动态”“专家指导”栏目是针对专家引领这一要素设置的，发布最新的有关校本教研的信息，邀请专家解答教师在教学中遇到的问题；“研究论坛”“校园社区”“网上留言”发布教师教学反思、专题讨论文章及有关新课改的理论性文章，涵盖了“个人反思”“同伴互助”“专家引领”三个要素。校本教研专题网的开设，极大地激发了教师参与校本教研的热情，展示了教师的才智。

五、继续努力，向更高目标奋斗

过去一年，学校的继续教育校本培训虽然取得了一些成绩，但仍有许多工作有待加强和完善。在今后的工作中，我们将更加努力工作，为建设一支合格稳定、业务精良的教师队伍而不懈努力。

（1）继续强化教师素质意识，使校本培训工作更加科学化、制度化、规范化。

（2）继续加强教师参与校本培训的自觉性，不断更新教学观念，改善教学行为，提升教学水平，形成对教学现象、教学问题的独立思考和创新性见解，真正成为教学和教研的主人。

（3）加强青年教师培养，造就一批青年骨干教师和学科带头人。

（4）深化教科研工作，形成“人人参与科研，个个有课题”的科研氛围，努力形成“学校、教研组、个人”为一体的教科研体系。

在课程资源的建设开发中
促进教师角色转变

2001年6月，教育部印发了《基础教育课程改革纲要》，提出将从课程功能、课程结构、课程内容、课程管理等诸多方面着手进行基础教育课程改革。无疑，新一轮国家基础教育课程改革，是一场必将对我国基础教育乃至整个教育的发展产生深远影响的重大改革。在这样的背景下，大家意识到，新课程改革成功与否的关键在于教师。

学校应该带领教师从自己面临的现实情况和客观条件出发，将理论和实践紧密结合，自觉对教学观念、教学行为、教学习惯、教学方式以及教学评价进行认真而有效的思考和调整，同时加深对新课程的认识，自觉运用新课程的理论解决教学中的问题，提高自身的教学能力和研究素养，真正落实好新课程改革。这个过程，我们称之为新课程实施中教师角色转变研究。

目前，全国已有很多这方面的研究，许多专家对教师角色转变的问题进行了论述。叶楠等人的《教师角色与教师发展新探》一书从“道德、专业发展和美学的角度，对教师这个古老的职业作出了时代的诠释”；傅道春的《新课程中课堂行为的变化》一书对教师角色的具体变化、教师新角色的建立等作了一定的分析；朱慕菊主编的《走进新课程——与课程实施者对话》一书对教师角色将发生哪些转变、新课程中教师教学行为将发生哪些变化有新的论述，这些都为本研究提供了理论依据。此外，支撑本研究的理论观点还有马克思的“人的全面发展观”、课程改革中的教师观与教学观、教育病理学。

一、研究的目标和内容

（一）研究的目标

以理论为先导，围绕新课程实施中教师角色转变的问题，从教师培训管理、教师队伍建设、教师开发课程资源能力等方面着手，引导教师自觉研究新一轮国家基础教育课程改革的教育目标、内容、方法、评价等，理解新课程改革对教书育人赋予的与时俱进的含义，边研究边总结，重新找到教师角色定位。同时，发现各类教师适应新课程、完成角色转变的规律，摸索和总结教师角色转变的教育内容、教学途径和培训方法。

（二）研究的内容

探索在课程资源的建设与开发中，促进教师角色转变的培训途径与方法，引导教师由单一的传授者转化为学生发展的促进者，由一味的操作者转化为研究者、建设者和开发者。教师与新课程共同成长尽可能做到：

（1）观念更新。要树立新的教学观、教师观和学生观，掌握新课程提出的理念，把握内涵，注重内化，改变教学行为。

（2）知识更新。新型教师应不懈吸收新的知识，尤其应掌握新的社会知识、新的教育心理学知识、新的本学科以及相关学科等方面的知识。

（3）能力更新。新型教师必须具备新的能力，包括在新课程理念指导下的教学设计能力、教学评价能力、建设与开发课程资源的能力、教育科研能力等。

（4）方法更新。新型教师必须以学定教，注重研究学生的学习方式，主动改革自己的教学方式和方法。

（5）人格提升。新型教师必须具备人格魅力，做到和蔼可亲（亲和力）、情感丰富（感染力）、幽默风趣（吸引力）、富有创意（创造力）。

二、研究和实验的方法

本研究主要采用行动研究法，辅之调查法、文献法、比较研究法等研究方法。具体操作：

（1）行动研究法。行动研究关注的是实地情境中的教育实践，研究者本身就是实践活动的参与者，研究应该从实践开始，在实践中进行，并以实践质量的高低来评判研究成果的优劣。教师在研究过程中边实践边总结，研究活动主要采取以下四种方式：双向互动；横向交流；专家论坛；专题讲座。

（2）调查研究法。通过访谈和座谈的形式，了解教师在新课程实施中产生的问题、矛盾及自我调整方法，为理论研究提供第一手素材。

（3）理论研究法。在行动研究和调查研究的基础上，构建教师在各个不同时期需要自我反思、自我调整的指导性理论。

（4）经验研究法。通过总结校本课程方案实验中成功的、有实际效果的经验，探索建设校本课程的方法，构建适合学校实际的校本课程，从而为学生全面发展服务。

三、研究的成果

（一）研训一体，做学习型教师

1．立足实际，建立促进教师角色转变的管理制度

新的课程理念呼唤建构新的学校管理体系，根据实际情况，学校制定了校本培训系列管理制度。首先，明确了校本教研培训第一责任人是校长，成立了领导班子。各职能部门各司其职，分工合作。

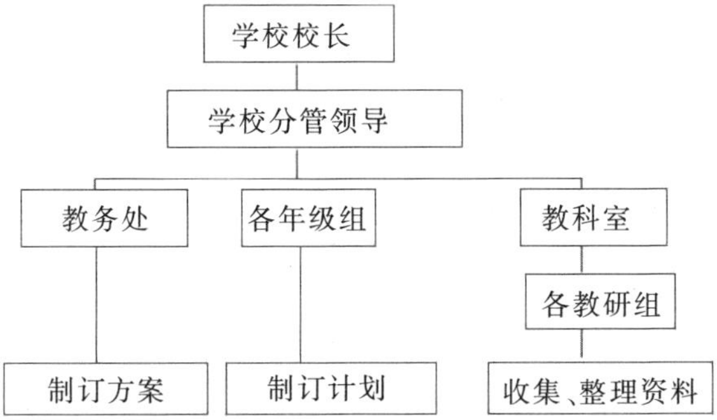

接着，学校对原有的规章制度进行了修改、补充、完善，每学期制定新的《课程资源建设与开发方案》。

2．研训一体，促进教师成为教育教学的研究者

教师角色的转变、专业化水平提升是一个综合发展的过程，学校开拓了一条促进教师专业化成长的新途径。确立了教育行动研究为校本培训的方法，全体教师即研究者，增强教师角色转变的意识。学校为每位教师建立了“教师成长记录袋”，引导教师对自己的教育教学行为进行反思、总结、提高。

课程资源的建设与开发是为教学实践服务的，因此开发的内容应贴

近教学实际。围绕教育教学中的各种具体问题，学校组织教师填写学科组课程资源建设与开发计划表，制定出翔实的计划，并指导教师将其落实到教学实践中。

（二）开发校本课程，做研究型教师

校本课程的开发，既是对教师素质的挑战，又是促进教师角色转变的一条有效途径，是学校教育理念的具体体现。三年来，学校从国内外课程改革的视角，结合独特的学校资源优势和社区资源优势，通过对校本课程建设的探索，初步建立了具有学校特色的校本课程结构体系。

1. 开发《人防知识》读本

学校组织相关学科的教师，经过一个学期的时间，编撰了《人防知识》读本。在整个编写过程中，教师们不再只是教书匠，俨然成为一个个人防教育专家。此读本的编写获得了意想不到的成功，体现了学科整合的理念，凸显了活动、实践、综合的特点，融知识性、科学性、趣味性于一体，受到了学生的喜爱。《人防知识》读本经省、市人防办专家、教育局专家审定，得到了充分肯定，填补了小学人防教材的空白。在教学实践中，教师们又相继开发出了《人防知识教案集》和相配套的课件。

2. 开发英语电子教材

《人防知识》读本的成功开发，点燃了教师们投入新课程开发的激情。2004 年，学校充分发挥英语教师师资力量强、校园电视台设备齐全的优势，开发了电子教材《英语俱乐部》。英语教研组的教师利用单周周三下午的校本教研时间设计教学内容，于双周周四下午录制，周一再通过电视台播放出来。生动、活泼的教学形式深深地吸引了学生，受到了学生的喜爱，也获得了家长、社会的一致好评。

（三）引导学生参与，做开放型教师

新课程呼唤以受教育者为主体的教育，要求教师由知识的传授者变成学生学习活动的引导者、参与者、促进者，成为学生学习方法的指导者、自主学习的组织者。以此为指导，学校要求教师扩大教学空间，挖掘教学资源，注重学生参与，做社区型、开放型的新型教师。

1. 开发综合实践课例

作为湖南师范大学课改中心“综合实践活动实施”课题实验学校，教师们以开发综合实践活动课程资源为内容，进行研究和实践。课题组教师通力合作，将二十多个优秀案例汇编成《综合实践活动案例集》，供全体教师学习，并汇集了开展活动的成功经验，提炼出综合实践活动的模式：

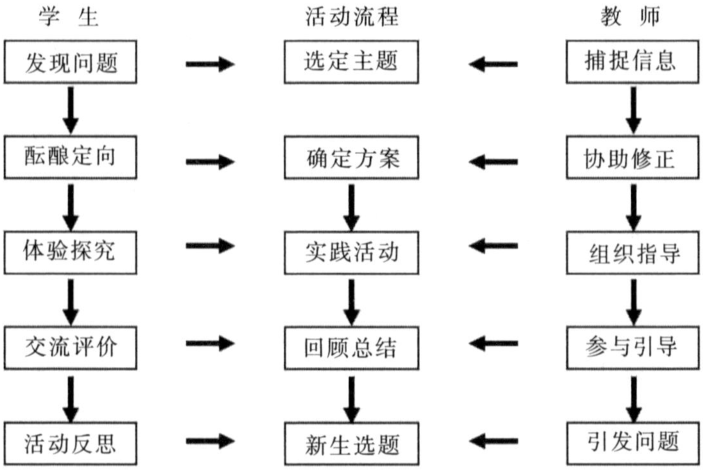

实践活动课程资源的开发和利用，将小课堂与大课堂结合起来，强化了教师指导作用和学生主体地位。教师作为活动的组织者、引导者、参与者，与学生共同成长，加快了教师的专业化提高。

2. 数学网络资源的开发、运用

网络时代的到来，拓宽了学生的学习空间，也要求教师具备较高的教育教学能力，掌握现代教育技术。以此为契机，学校开发数学网络教学资源，促使教师承担起信息资源的设计者与指导者的角色。

为满足教学需求，让教师能直接用网络课程资源库中的资源进行课堂教学活动，课题组教师自主开发、设计了大量的课件，并上传到网络教学资源库的课件库中，汇编了人教版第一、三、五、七册课件集。教师们可以充分利用这些课件进行课堂教学，为学生的学习和发展提供丰富多彩的教育环境和有力的学习工具，大大地减少了教师不必要的重复劳动，有效地提高了工作效率。另外，在资源库中有大量的优秀教学设计、教学教案、教学过程、教学方法、教学思想、研究成果等，教师们在进行课堂教学前，可以通过网络进行查阅学习。

在网络教学中，教学过程不只是忠实地执行课程方案的过程，而是师生共同开发课程、丰富课程的过程。教师从传统角色中解放出来，由课程体系的执行者转变为知识体系建构的促进者，由课堂的权威者转变为学生学习的合作者。

（四）优化教学手段，做创新型教师

经过系统培训和实践操作，教师们都能熟练操作、使用各种电教设备，上网查找教学资料，80%以上的教师会用软件自制课件。经过几年的探索研究，学校设计、开发、制作了优秀 MCAI 课件一百多个，覆盖所有学科。省“十五”重点课题“小学思品课件的制作与运用”获省级一等奖，“小学自然课件的开发”在省课题阶段成果评选中获二等奖。在研究中，总结出此模式：

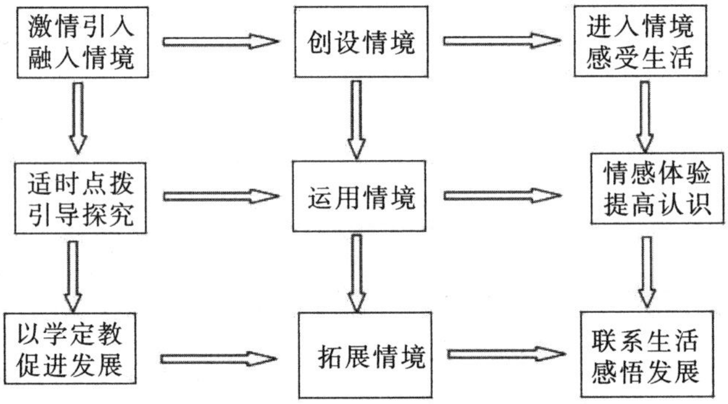

此模式从“教师制作、运用”“多媒体课件”，引导“学生活动”这三条主线展开。

2003 年学校网站建立，2005 年 3 月，根据实际需要，更新了网站域名，实现了信息一体化和资源共享。学校建设网站的基本思想是：面向教师、面向学生、面向家长、面向信息资源、面向管理，突出一个“用”字。网站有学校简介、教师频道、学生频道、家长频道、资源中心、图片中心、校园论坛、雁过留声等8个栏目。教师随时可以上网查找资料，搜集教学需要的各种资源、课件，学校还专门为教师开辟了FTP文件传输服务。该网站在全区学校网站评比活动中，获得一等奖。

教师开发、制作课件，建设学校网站，对课程资源进行筛选、整合、加工，优化教学，这就是一种创新。

（五）撰写论文、反思，做学者型教师

传统的教师职业生涯中，教学活动和研究活动是彼此分离的。新课程理念下的教师不是机械地完成任务的工作者，而是教学改革的实践者、研究者、开拓者。这就要求教师不断地对自己的教学观念、行为进行反思和总结。随着研究的展开，学校教师全部投入课程资源的建设与开发的热潮当中。许多教师在教学实践中不断总结，撰写课题研究论文、教学设计、教学反思。三年来，学校有近十项课题获得国家、省、市级奖励；教师中有一百多人获得各级奖励，六十几篇教育教研论文获得国家、省、市级奖励，并且有近十篇在省级教育刊物上发表；二十几节比赛课、展示课以及案例、设计获省、市级奖励；有八位教师参加省级赛课，均获一、二等奖。

（六）教师角色的转变促进学生的全面发展

教师的角色得到了转变，教师的教学行为得到了转变，学生的学习方式得到了改善，综合素养得到了明显的提高，创新思维、创新意识以及表现能力也明显增强。如科技创新教育、综合实践活动大大激发了学生的科学热情及动手能力。近三年，学生纷纷动脑动手，创新方案的设

计、小制作、小发明、科幻作品、科技论文等成果获区、市级乃至省级奖项二十多项。在上级行政单位组织的奥数竞赛、作文竞赛、各类艺术竞赛中，学校学生有近五百人次获奖，成绩喜人。这些成果全面体现了学校教育哲学，促进了学生全面发展。

五、结论与讨论

（一）课程资源的建设与开发和教师角色转变相辅相成、相得益彰

课程资源的建设与开发，给教师们压担子、定方向，促进了教师角色的转变，是教师专业成长的有效途径。而教师观念的转变、素质的提高，又推动课程资源建设与开发向纵深发展。两者和谐共进，是学校新课程理念的体现，也是学校走可持续发展道路的必要条件。

（二）课程资源的建设与开发要立足实际，体现学校特色

课程资源内涵丰富，具有开放性、灵活性和多样性的特点，绝不能将其封闭化、统一化、简单化。因此，建设与开发课程资源切忌生搬硬套，墨守成规，而应立足实际，因时、因地、因人制宜。顺应时代要求，联系学校所处环境，尊重学生的兴趣爱好，发挥教师个性特长，在此基础上开发的课程资源，才能充分体现学校特色，更具生命力和实践意义。

（三）建立完善的评价机制是促进课程资源建设和教师角色转变的有力保证

校本课程由学校自主开发、自主开展，各不相同，国家很难采用类似于外部统一考试等评价手段来评价校本课程的实施成效。因此，校本

课程开发和教师角色的转变需要更多地依靠学校进行自觉自律的自我评价，不断地反思校本课程开发过程中出现的各种问题，自我批评、自我激励、自我修正，保证校本课程建设的健康顺利运行。

（四）教师角色的转变促进学生学会自主、合作、探究式的学习

教师的观念在转变，角色在转化，教学方法在改变，学生的学习方式也随之改变，由“要我学”到“我要学”，由接受性学习到自主、合作、探究性地学习，使学生的综合素质得到了很大的提升。

在课题研究中，学校摸索总结出了部分经验，但研究还有较大的局限性，虽有一定的创新、发展，但研究的深度与广度仍有待进一步拓展。在未来的研究中，学校一定再接再厉，继续深化校本课程建设实践，把教育教学科研发展得更好，再上新台阶。

立足课堂抓好小学生人防教育

近年来，作为湘潭市小学人防教育实验校，我校遵照市教育局、市人防办、区教育局的指示与要求，在校人防教育工作领导小组的指导下，在学生中开展人防教育活动，把人防教育作为教育教学工作的重要内容纳入学校工作体系，做到了人防教育工作持之以恒，管理和组织工作正规化、制度化、规范化。

一、领导重视，组织健全

从小培养孩子的人防意识和自我防护意识，是小学素质教育的重要内容。为了推动人防教育和国防教育广泛、深入地开展，学校成立了人防教育工作领导小组、工作小组。明确分工，落实成员职责，形成了校长总体抓，业务副校长专门抓，教导处、教研室、学生处具体抓的人防教育管理系统，做到了“两个一”，即一年一次会议，对年度教育计划和任务进行统一部署；一年一次总结表彰，及时总结经验，表彰先进，确保学校人防教育工作有序进行。在《教师年度考核评价方法》《优秀班级评选条件》中，学校将人防教育工作纳入教师的晋级、评优工作中，纳入优秀班集体的评选和学生评选“三好学生”、优秀班干部的工作中，以促进人防教育工作的开展。

二、计划落实，开课规范

为了保证人防教学质量，学校从“五个定”入手抓好人防教育。

一定年级。把人防知识的集中教育对象固定为五年级学生，实现对小学生的人防知识教育的普及。

二定课时。将人防知识的教育课程纳入五年级班队活动课程，时间为每学期六课时。

三定内容。人防教育的内容主要包括人民防空的任务与普及人防教育的意义，现代空袭与防空袭行动，核武器、核事故及其防护，化学武器（事故）及其防护，生物武器及其防护，自我防护基本技能，地震与火灾时的应急行动，防护技能动作演练等。此外，还结合学生的实际需要适当增加遇险自救、校情教育、安全教育、禁毒教育、法制教育、纪律教育等相关内容。

四定教师。安排师德高、教学好、责任心强，同时又热心学生工作的五年级班主任教师负责人防知识的教学工作。通过学校培训、集体备课等方式，保证教学效果。

五定考核。学生的考核成绩从参加人防教育的态度、演练情况、活动表现、平时作业和期末考查五个方面综合考评获得。考核成绩作为学生参加社会实践成绩的依据之一。

三、强化管理，抓好课堂

学校人防教学工作是人防教育的中心工作，直接关系到人防教育的质量和效果。为了加强教育的实效性，学校结合小学人防教育的特点，采用本校编写的校本教材《人防知识》和市人防办发放的《人防知识与技能》进行教学。

开发编写校本教材《人防知识》。学校于2002年认真组织校本教材开发组的成员学习了《中华人民共和国人民防空法》，通读了有关文件，制定了《校本教材 <人防知识> 开发方案》，明确了目标，安排了教材的框架结构。我们用人所长，充分利用教师人才资源，开发了校本教材《人防知识》。在教材编写中，以单元组织课文，以活动性、实践性、综合性的原则进行内容整合，使用贴近小学生的语言，将知识性、科学性、趣味性相结合。

加强课堂教学。学校在五年级上学期的班队活动课中开设6课时的人防教育课程。教师将学校自编教材《人防知识》与市人防办发放的《人防知识与技能》相结合，根据学生实际情况进行全面系统的人防知识教育。主管副校长每学年听课2节。教师在教学中紧密联系生活实际，充分调动学生学习的积极性。在课堂上，指导每个学生认真做好笔记，并完成一定的课堂作业，定期进行检查批改等。

在教学中，努力做到把“三防知识”与学生的实际生活紧密地联系在一起，理论联系实际，拓展知识面，把“三防知识”与疫情、外伤等的应急救护，地震、火灾、水灾、野外生存技能和心理防护知识等有机地整合于一体，充分调动学生学习的积极性，培养学生积极参与的意识，切实有效地提高学生的自救能力、互救能力。学校将人防知识有机地与书本上的理论知识结合起来，开展活动。如通过学校电视台录制张知义老师教学生制作简易防护器材以及教学生头部防护动作的课程，让学生熟练掌握1至2种制作方法，学会简单的头部防护动作，增强学生的自救意识，引导学生动手动脑，勇于创新。

认真组织教研。规定人防教研组每学期进行两次以上的人防集中教研活动，主管副校长至少参与1次，布置各项工作，并及时指导人防教育工作的开展。学校注重教师培训，曾组织张知义老师参加省、市人防培训。2011年9月28日，区人防教师培训会在我校举行，培训的主讲教师是张知义老师。2011年，为保证教学质量，学校坚持组织五年级学生进行人防教育知识考核，合格率100%，成绩优秀率达85%以上。通过闭卷方式测试学生对人防知识与生存技能的掌握，激发学生学习人防知识的热情。学校还将人防教育与科研结合起来，鼓励教师积极撰写有关人防方面的教育教学论文，增强师生人防建设的积极性和责任感。

四、开展活动，寓教于乐

人防教育工作贯穿于教育的始终，通过多种途径得以体现。根据具体情况，学校制定了《突发事件紧急预案》《外出活动紧急预案》《传染病事件紧急预案》《食物中毒紧急预案》等一系列紧急预案，做到预防为主，把紧急事件的预防工作做细、做实，并引导学生掌握一定的技能。

抓好延伸教育，将人防知识教育与日常生活的灭火、防煤气泄漏、防化学事故、防恐怖主义等知识融合在一起，确保人防知识教育更好地平战结合。

学校结合小学生的特点，组织了丰富多彩的人防活动，让学生在相对真实的实践氛围中，真正感受人防的重要性。

（1）加强人防教育的舆论宣传活动。学校利用各种宣传手段，定期在校园刊出以人防知识为主要内容的宣传栏、黑板报以及宣传标语，向学生进行人防知识宣传，提高学生认知，营造教育氛围。

（2）开展人防教育主题班队活动。学校根据实际情况，通过“走出去，请进来”组织主题班会，观看《永远的蓝天》等人防知识和国防教育录像，通过组织学生参观人防工程、观摩消防演练等丰富多样的教育形式，活跃人防教育工作。各班还在课堂上组织知识抢答赛和辩论会，让学生巩固人防知识。

（3）组织学生进行疏散演练。人防教育的落脚点是提高学生在灾害和事故中的生存能力和防范技巧，因此，学校将人防活动融入安全教育周的活动中，这样不仅深化了主题教育活动的内涵，也切实贯彻了人防教育要平战结合、联系实际的教育原则，达到学以致用的目的。学校每年都能根据实际情况开展各种演练，如消防、紧急疏散、野外活动、传染病预防等，让学生在具体的活动中，学会自我保护，相互救助，开阔眼界，增长知识。

总之，人防教育在学校已蔚然成风、深入人心。学生真正树立了人防意识，增强了面对突发事件的心理调适能力，掌握了基本的防护知识，提高了自我防护能力和自救能力。我们将总结过去工作中的得失，不断创新，积极探索，完善各项措施，努力使学校人防教育工作再上新的台阶。

平安校园建设视野下的安全管理

一、加强领导管理，健全组织机构

安全重于泰山。学校成立了安全综治维稳工作领导小组，安全工作实行“层级管理”，即“校级领导—处室主任—班主任”层级管理网，保证了管理工作的顺利开展。学校还有一支“快速反应、协同作战、运转高效”的应急救援队伍，确保了突发性事件发现得早，处置及时，将不良影响降到最低。

二、加强培训学习，强化安全意识

为认真贯彻落实上级工作要求，学校组织全体教职工学习习近平总书记重要讲话精神，进一步强化教职工安全意识，认真落实各项安全工作要求，实现三个确保：确保师生的生命和财产安全；确保正常的教学秩序；确保学校的稳定。普及预防、避险、自救、互救、减灾等知识和技能，组织专业教师或具有专业知识的家长进行安全知识和技能讲座。认真贯彻《中华人民共和国食品卫生法》，严格遵守食堂“零利润”、教师缴费陪餐制度、行政管理人员提前1小时试餐制度，严格把好食品进货、存放、操作关，确保学生吃饱、吃好，切实保证师生饮食安全。

三、加强制度建设，实行多措并举

为落实安全监管责任，学校制定了《校园安全标准化实施方案细则》，明确了各个岗位的安全责任，开学初与行政、班主任、任课教师、门卫签订《安全目标管理责任书》，将安全目标管理考核纳入教职工年终目标管理考核内容，实行安全“一票否决”制度。健全应急预案体系，制定了《学生交通安全应急预案》《学生防溺水事故应急预案》《学校紧急避险与疏散演练》等专项应急预案。行政带队定期开展“安全隐患清零”行动，利用QQ、微信工作平台开展“随手拍”活动，鼓励教师人人参与安全管理，共收到教职工“随手拍”照片56张，对发现的问题实行“一单五制”落实到位，在安全问题上做到及时发现、及时报告、及时整改。学校多措并举，确保了校园平安，2017年被评为湘潭市平安学校。

四、加强法制建设，推进依法治校

学校聘请下摄司街道司法所所长为法制副校长，为学校依法治校保驾护航。学校利用会议、广播、宣传窗、班队课等多种宣传形式大力宣传普及公共安全防护知识，提高师生维护公共安全的意识和应对突发事件的能力。组织学生参加全国青少年学生法治知识网络大赛，荣获全国优秀组织奖。开展禁毒宣传，代表区教育局参加区禁毒宣传教育“五个一”竞赛活动获佳绩。在此基础上，学校被评为全国零犯罪学校、岳塘区综治维稳先进单位。

五、加强综合治理，维护校园安全

加强硬件建设。做好安全管理工作，必须有充足的物质保障。近两年，学校总投资153.88万元，对校园路面、屋顶防水、电路等进行了改造；先后投入27万多元，用于安全设施、消防器材等的添置与维护。2017年，岳塘区启动“智慧平安校园”安全防控项目，集团新装高清监控探头146个和校园报警、门禁系统，实现了校园监控无死角，使校园安保工作变得更加全面、快捷。

加强联动，治理周边环境。学校多次与社区、街道联系，通过发倡议书、集中整治行动等方式，加强了校园周边环境治理，杜绝“三无”食品和危险玩具向学生销售的现象发生。每天上学、放学高峰期，车多人多，常常导致两个校区校门前拥堵不堪。为了解决这个难题，学校行政与学校家委会多次商议，成立了家长义工团，制定交通疏导方案，实施定人、定时、定岗、定职责，科学安排家长在校门口马路两侧执勤，一旦发现有不文明的车辆掉头行为，及时上前进行疏导。经过46个班级义工团2100余名家长的共同努力，校门口的拥堵情况有了很大的改观，有效保障了校门口畅通。

加强人文关怀，促进和谐发展。集团定期开展教职工趣味运动会等活动，丰富教职工生活，稳定教师队伍。学校总是想方设法化解矛盾，如闫贵华老师就是一个鲜明的例子。十多年来，她一直固执地认为组织错算工资而三天两头地到区政府上访。区教育局、学校也曾多次为她的事情召开专题会议。两年来，为了化解这一矛盾，学校行政特别是党总支书记经常到她家里嘘寒问暖，让她感受到组织的温暖，有效、妥善化解了上访的苗头。学校还邀请退休教师回校开展“同心共贺十九大，叙情往昔话发展”建言献策联谊活动，给退休老教师送去关爱和温暖。

六、有序开展活动，提高处置能力

学校根据学生实际情况，开展了形式多样的防溺水、防踩踏、防高空坠落、防雷电、防地震、食品安全、消防安全、交通安全等系列安全宣传教育活动。

邀请湘潭市岳塘区交警大队民警为同学们开展“交通安全我先行”宣传教育活动，组织“交通安全模拟课堂”，绘制“安全上学路线图”。不少学生了解了“酒驾”的巨大危害，纷纷表示要回家劝诫喜欢喝酒的家长不要酒后开车。此外，学校还开展了“做自己的安全首席官”等一系列活动，组织全校师生进行消防安全演练，并分别开展了师生消防知识讲座。

在安全综治维稳管理工作方面，学校虽然做了一些工作和有益的探索，但安全工作只有起点，没有终点，安全管理工作永远在路上。学校将进一步加强领导、加大投入、健全机制、加强培训，不断提高管理水平，进一步牢固树立“珍爱生命、安全第一、遵纪守法、和谐共处”的意识，为保障师生生命财产安全、促进社会稳定和谐做出应有的贡献。

多管齐下推进“两型”校园建设

多年来，学校全面落实习近平新时代中国特色社会主义思想，秉承“育人、敬业、成才”的教育理念，将“两型”校园建设列入学校管理的重要内容，多管齐下，学校、家庭、社会教育形成合力，努力构建和谐的校园文化。

一、完善管理，使“两型”工作规范化

（一）领导重视，完善制度

学校十分重视“两型”校园建设工作，根据岳塘区教育局的要求，从学校校情出发，制定了《“两型示范校”建设方案》，成立了创建工作领导小组，由校长任组长，党支部书记、副校长担任副组长，教导处、总务处、学生处及年级组长等部门负责人为组员。在领导小组的统一部署下，“两型”工作有条不紊地进行，各部门职责明确，举措丰富多彩，在管理上取得了实效，许多措施体现了长效性。

依照《湘潭市“两型示范学校”评分标准》，根据学校的实际情况，完善了一系列规章制度，包括《“两型”创建工作制度》和《节水节电制度》《设备设施管理、管护制度》等。这些制度的出台，有力保障了“两型”校园创建工作的开展与顺利推进。

对照实施方案，学校教导处、学生处、总务处及各教研组将“两型”知识的宣讲或“两型”活动安排纳入每学期的工作计划中，相关活动开展做到了有计划、有检查、有总结。

（二）节能教育，实践“两型”

加强师生节能教育，教师自觉树立节能意识，严格要求学生树立节约意识，在教育教学中渗透节能教育。

坚持节约办公用品。一是严格审批和控制办公用品发放数量。二是减少使用一次性纸杯、签字笔等一些一次性用品。三是选用低耗能耗材，选用环保、质优、价廉的办公用品，硒鼓、墨盒等办公耗材要修旧利废。四是节约使用清洁卫生工具，拖把、抹布、扫帚等妥善保管，以延长使用寿命。五是提倡教辅资料、教师参考书的循环使用。

坚持节约用电。一是加强节约设备管理。提倡使用限电、节能设备。二是加强办公设备管理。工作完成后及时关闭计算机、打印机等设备，下班后计算机无待机现象。三是加强照明管理。杜绝长明灯、白昼灯，养成随手关灯的好习惯。

坚持节约用水。强化师生节水意识，避免长流水现象发生。要求各班打扫卫生一律洒水，不得泼水冲地，发现渗水、滴水的水管、水龙头及时更换。要求各班配备一名小小节能手，负责班上用电用水的管理。

（三）加大投入，改善设施

学校多方筹资，不断改善学校环境建设。2013 年暑假，耗资近 30 万将食堂煤改电，食堂餐桌换新，为学生提供了良好的就餐环境。同时将综合楼粉刷装饰一新，优化了学生的就寝环境。教学楼屋顶防漏，校园花坛植入新的花木，教室配备 19 台大屏幕液晶电视，营造了良好的教学环境。

二、学科渗透，使“两型”工作常态化

课堂是实施素质教育的主渠道，也是开展“两型”教育、培养学生“两型”素质的主阵地。学校充分利用课堂教学这一有效载体渗透“两型”教育，要求各科教师在教学中积极寻找与“两型”教育相关的内容，挖掘其中的教育因素。

（一）借助文本，渗透“两型”

学校提倡充分利用文本的作用，在阅读理解文本内容中渗透“两型”教育。语文课本中，有些科普类课文中包含环境教育相关内容，要求教师根据课文特点，采用恰当的方法，进行动植物、环境保护知识的教育，使学生初步了解动植物、环境与人类的关系。如《春雨的色彩》《柳树醒了》《春晓》《棉鞋里的阳光》《两只鸟蛋》《美丽的小路》《松鼠和松果》等课文，是对学生进行“两型”教育的好素材，知识性强，趣味性浓，能够帮助学生认识、了解大自然中的“两型”知识，了解有关动植物、环境保护的知识，懂得它们都是宝贵的自然资源，是人类的朋友，保护好这些资源，就是保护好自然环境。再让同学们通过反复朗诵课文加深对美丽环境的向往，从而增强学生爱护环境的意识。

（二）拓展课堂，强化“两型”

学校注重在学科教学中结合各学科的特点，不断渗透资源节约与环境保护的内容和知识，要求各学科结合学校提出的“两型”教育要求，对有关的教学内容进行全面规划和组合拓展，制订各年级、各学科环境

教育渗透教学的目标。例如，在科学课《能源》中，结合当前形势，渗透节约资源促进可持续发展的内容；围绕“科学与环境”进行拓展，内容涉及“饮食与生活”“污染与环境”“交通与环境”“我身边的环境调查”等。

（三）开发课程，凸显“两型”

语文、数学、科学、美术等各学科教研组都开展了与“两型”相关的教研活动。如六年级语文教研组围绕教材“珍惜资源，保护环境”单元主题，精心组织开展了“只有一个地球”语文实践活动，不仅在课堂上结合文本充分对学生进行环保意识的渗透，课外还组织学生外出调查采访，撰写调查报告和倡议书。此次活动将学生语文素养的提高和环保意识的培养相融合，收到了一举多得的效果。各备课组均在平时的课堂教学中，结合学科特点，融入“两型”建设知识，并在教案中体现。各班认真上好班队活动课，做到了每班每学期均开展 2 次以上与“两型”相关的主题班会，将“两型”社会的建设思想不断强化到每个学生的脑海中。

三、多方联动，使“两型”工作大众化

单丝不成线，独木难成林。学校充分动员，主动联系，争取了社区、家长等多方面力量宣传“两型”理念，达到“教育一个学生、带动一个家庭、影响一片社区、辐射整个社会”的效果。

（一）家校合力

“两型”习惯养成需要家庭社会的配合。2012 年 3 月，学校启动了“城市是我家 爱护靠大家”活动，向全校 1890 名家长发放了家长承诺

书。学校还经常利用短信平台向家长发送“两型”小知识，充分发挥孩子在家里的影响，把搜集环保小秘诀、向家长宣讲环保小贴士等作为孩子的作业，让家长在督促孩子的过程中规范自己的行为。通过一系列活动，“两型”理念传播到家庭、社区。如今，提醒、监督家人节约用水用电、不用一次性碗筷、少用塑料袋、垃圾入池等已成为孩子们自觉的行动。

（二）社区联动

学校把“两型”活动延伸到社区。2012 年上学期开学报到的第一天，结合湘潭市治理六乱行动，学生与市容监督员一起维护校园周边环境。3 月 31 日，学校在铭扬广场开展了“科教进社区”主题活动，收到了良好的效果。在活动中，学校精心制作了“讲科学生活，建文明社区”展板；开展了“城市是我家 爱护靠大家”调查，问卷内容设计合理，把文明创建、“两型”社会等知识，以选择题的形式告知市民；开展了“城市是我家 爱护靠大家”千人签名活动，学生带头签名，市民也纷纷加入，表达一份对文明城市创建的热情。

学校每年开展保护母亲河行动。结合世界水日，积极开展生态保护、生态修复、资源节约等理念宣传活动，引导青少年增强环保和生态意识；组织学生，步行到湘江风光带，开展“保护母亲河”主题活动，对沿江风光带的白色垃圾进行清理；向市民发放调查问卷，向市民宣传雷锋精神、世界水日、创建国家卫生城市等相关知识。

四、主题活动，使“两型”工作特色化

“两型”意识要从娃娃抓起，通过教育一个学生，带动一个家庭，

影响整个社会。为此，学校坚持开展特色“两型”活动。

（一）开展“捐废纸 献爱心”活动

为了把学生的“两型”意识落实在行动上，学校坚持开展“捐废纸 献爱心”活动。2012 年 11 月，了解到湘潭市五医院收留了一批流浪人员，他们的生活条件很差，于是学校与莲城志愿者协会联合，启动了“捐废纸 献爱心”活动，通过向全校师生、家长发倡议，号召大家把平时的废书废报、包装纸盒收集起来。经过一个月的宣传发动，2012 年 12 月 19 日的升旗仪式上，全校师生唱着自编的童谣：“一张纸，作用大，能写字，能画画。一张纸，作用大，纸用过，不乱丢。你一张，我一张，集起来，真不少。把废纸，来回收，献爱心，人人夸！人人夸！”共回收废书废报 3611 斤，兑换 1128 元，另外学生捐款 5238.9 元，共计 6366.9 元爱心款。学校将这笔爱心款捐给在五医院的流浪人员，购置了过冬的棉被近百床，此活动收到社会的广泛好评，《湘潭日报》《湘潭晚报》和湘潭电视台都进行了报道。2013 年上学期，回收废书报 3000 斤，兑换爱心款 890 元，学校将这笔爱心款捐到红十字会一元捐活动中。

（二）志愿者行动

学校坚持开展志愿者行动，实践环境友好行为。学校两位教师是湘潭市莲城志愿者协会会员，为此，学校与莲城志愿者协会联合开展了系列特色“两型”活动。2013 年 3 月，发起了为湘潭市“爱心书屋”捐书本捐文具活动，给莲城爱心书屋捐献书本 3130 本、文具 2785 件。

学校建立家长志愿者组织。为了维护校门前的交通秩序，学校成立了由教师、学生、退休交警及学生家长组成的护学岗。退休干警李开炳每天早晨着装在学校门前疏导秩序，受到学校教师、学生及家长的一致好评。

（三）绘画活动

学校有一支高素质的美术教师队伍，在此基础上充分发挥美术教师特长，坚持开展“两型”绘画活动。学校在教室走廊张贴学生绘画作品，其中包含环境保护、资源节约等“两型”内容。每学期，学校都要开展“两型”知识绘画比赛活动，选出优秀作品装订成册。2013 年 5 月 16 日，学校 120 名学生在板塘多伦步步高前坪开展“我的中国梦”百米长卷绘画比赛。活动中，学生用画笔描绘了心中的“两型”。2012 年寒假，开展“废弃材料手工作品”活动，通过班级评选征集了学生作品 59 份，评出了一等奖 8 名，二等奖 11 名。将学生优秀作品进行展出，既增强学生的成功体验，培养学生的动手能力，也向学生传递一种资源再利用的环保节能观念。

通过“两型”校园的创建，广大师生树立了“两型”观念，养成了环保节约习惯，形成环保、节约和文明的新风尚。路漫漫其修远兮，吾将上下而求索。学校将秉承可持续发展的理念，再接再厉，使“两型”校园建设工作迈上一个新台阶。

“双减”背景下学校管理提质探究

学校办学一直坚持立德树人，五育并举，把“双减”工作落到实处。“双减”对于学生是减法，但是对于学校和教师而言，是减负提质，要做加法。学校要切实减轻学生课业负担，探究减负增效新举措，科学有效地提高教学质量，为学生的综合素养提升、可持续发展打下坚实的基础。

一、课程提质

在确保开齐开足国家课程的基础上，开好开精校本特色课程，如电影课、阅读课、足球课、篮球课、思维拓展课等，给学生提供规范而又优质、丰富的课程，与育人目标保持高度的一致性。

二、课堂提质

瞄准课堂教学“靶心”，重视教师能力提升，通过培训、校本教研、赛课等方式提升教师专业水平，关注教师备课从“教”转向“学”，学生学习从“被动学”转向“主动学”。打造高效课堂，向40分钟要质量，让常态课优质高效，尽可能在课堂内完成学习任务，做到堂堂清。紧紧围绕“双减”政策，坚持德育为先，提升智育水平，加强体育美育，落实劳动教育。积极探索在新课程理念下全学科课程深度融合的课堂教学，每位教师必须做到“六”个精心，即精心备课、精心上课、精心设计、精心辅导、精心反思和精心评价。积极探索以“学生为中心”的课堂教学途径与方法，求真务实，切实解决教学和教研中的现实问题；以精细管理为目标，抓“质量”，求“效益”，落实减负增效措施。坚持把教学质量作为学校的生命线，追求教育教学工作的高质量发展。

三、作业提质

各个教研组进行研讨，统一规划，以作业设计为载体，加强教学常规过程管理，提升教学品质。加强作业管理，全面压减作业总量和时长，减轻学生过重作业负担，重视作业设计的质量和科学性，布置分层、弹性的作业，丰富批改作业的形式，及时反馈作业情况并进行个性化指导。坚持作业公示制度，积极创新作业形式，注重学生德智体美劳全面发展，在全面落实“双减”的同时做好“加法”，给孩子们提供自主学习、发展特长、参加实践活动的时间和机会。学校将每周三设定为无书面作业日，鼓励各班开展以“劳动教育”“阅读时光”“体育锻炼”“亲子活动”等为主题的实践活动，让作业成为学生乐于完成的事情，不断开发想象力和创造力，让孩子们在实践中更有成就感。同时把学生开展的活动在学校公众号上进行宣传和推广，将学生的个人生活与校园生活、社会生活有机结合起来，努力培养学生成为一个全面发展的人。按照作业“控量、提质、多元”要求，让作业既“走心”又“走新”，焕发勃勃生机。

四、课后服务提质

优化完善学校课后服务，满足学生多样化发展需求。为学生“解渴”，给家长“松绑”。精心设计课程体系，充分考虑学生德智体美劳全面发展，相信学生蕴含无限可能，设置特长社团、兴趣社团、特色社团。合理安排，自愿选择，给学生提供了多元化发展的空间，提升了学校课后服务水平，满足了学生多样化需求。

五、特色活动提质

积极开展丰富多彩的特色活动，为学生搭建各种展示平台，促进学生全面发展。组织法治教育活动、阅读节、演讲比赛、班级文化评比、劳动小能手评比、心理团辅活动等，让每个孩子都参与其中，都有展示的机会，肆意挥洒童年的梦想。将足球教育与德育、班级文化建设、学生实践活动等相结合，充分展示学校体育艺术“2 + 1”校本课程实施水平，让校园体育成为学生的健康生活方式，坚持让啦啦操进入校园，动感十足的啦啦操成为校园一道亮丽的风景线。学校对艺术同样倾注了火样的热情，作为湘潭市首批非物质文化遗产传承学校，开展彩纸折叠艺术进课堂、戏曲进校园等活动，让古老的文化重放异彩，点燃学生“保护非遗文化、传承中华文明”的梦想，成立“湘韵小梨园”社团。

为进一步落实国家“双减”政策，学校在延续“周三无作业日”的特色课后服务的同时，结合电影特色校本课程，深度开展“基于优秀影视资源的小学生正确价值观行动研究”的课题研究，将全校电影课和课后服务有机融合，积极开发延伸活动，根据不同年级学生特点和认知规律，探索“电影 +”活动形式，真正让电影“活起来”，让校园“动起来”。紧扣电影课程促进学生成长多元化，学校围绕“一校一品”“一校一特色”，结合校内外活动，以“电影课题”为龙头，辐射学校工作方方面面，创设良好的教科研氛围。建立校园“名人园”，拍摄制作“名人园解说专题”，开辟“电影文化墙”，形成特有的文化景观。各年级各班以电影为主题，营造出异彩纷呈的班级文化，将校园塑造成“电影主题乐园”。把电影作为一个高效载体，在减少枯燥的说教的同时，浸润心灵，事半功倍。

具体举措为：充分利用课后服务时间，在一二年级开展“电影 + 绘画”活动，指导学生画电影。学生将自己看过的电影用画的形式表现出来，或给喜爱的电影配上插图；在三四年级开展“电影 + 表演”活动，在教师指导下，学生将电影的内容改写为剧本，并充分利用课后服务时间进行排练和表演，培养学生的动手和合作能力；在五六年级开展“电影 + 习作”活动，指导学生在优秀电影资源中汲取正能量，落实“爱国”“文明”“诚信”“友善”的正向价值观念的培养，再将自身的感受写下来，并脱稿讲述，从而提高学生的写作能力和文化自信。

学校还借劳动实践为“双减”政策落实落地创新路径。把精心打造的劳动基地“耕梦园”建设成理论与实践相融合的浸润式学习基地，开发既劳“心”也劳“身”“身心合一”“身体力行”的学习模式，让青少年在泥土的芳香中“研有所思，学有所获，思有所感，行有所成”。

六、家庭教育提质

学校在培训教师、教育学生的同时，也指导家长提升教育理念，形成家校协同育人的良好局面。这是做好“双减”提质增效的关键。设置“周三无作业日”，把学生从单一的书面作业中解放出来，和家长一起做自己喜欢的事，或运动，或阅读，或劳动，或创意手工，等等，既培养了孩子的兴趣爱好，又增进了亲子关系。

推动“双减”落地，核心在课堂，关键在教师。学校也一定会坚决扛起主体责任，努力践行“双减”下的提质增效，充分展现教育工作者的责任担当和良好形象。

构建党建引领学校发展新格局

骄阳似火，七月生辉。学校党总支在上级党委的正确领导下，始终把政治建设放在首位，切实履行党建责任。近两年，先后被评为湘潭市委组织部五星党组织、岳塘区委组织部优秀党支部、岳塘区教育局先进基层党组织。2020 年 11 月，荣获全国文明校园称号。在党建工作中，学校以“德、规、勤、廉”四字方针凝心聚力，砥砺前行。

一、以“德”润物修身，忠于党的事业

共产党员的“德”就是党性。我们始终把加强党员的党性修养和党性锻炼作为党总支工作的重中之重。在党员教师中开展“践行师德规范，做人民满意的教师”争做“四有好老师”活动；开设“湘机大讲堂”，新疆吐鲁番市高昌区手拉手联点学校党支部书记现场讲述新疆教师如何在特殊地区践行党员先锋引领作用。联点领导讲党课，本校优秀党员解读“优秀密码”，“党员先锋岗”的全体成员模范践行师德规范。

学校围绕“一校一品”，将“电影”、体育艺术“2 +1”作为载体，培养学生核心素养。学校党团合力开展特色鲜明的思政教育活动，让学生在潜移默化中受到理想信念教育，做共产主义接班人。学校电影

德育案例获得中央电化教育馆案例组全国一等奖第一名，并获案例组最佳人气奖第一名，是湖南省“教案与课程”中唯一一个一等奖。

学校把党史教育融入课堂教学、校园建设、活动实践、组织生活等工作中，推出《党员诵读党史》音频诵读专栏，排练小红剧演绎党史故事，学生讲述党史小故事，通过“四个融入”引领全校师生学党史、颂党恩、跟党走，从党史学习中汲取力量，更好为教育教学服务。

二、依“规”治党有序，促进工作规范

学校党总支以《中小学校党支部“五化”建设考核细则》为指南，认真落实“三会一课”制度、党员谈心谈话制度、民主评议党员制度等，促进党支部规范化管理。组织全体党员教师到韶山毛主席纪念馆、乌石彭德怀纪念馆、十八洞村、陈赓故居、湘潭党史馆、岳塘区下摄司村等地开展主题党日活动，重温党的历史，增强“四个意识”，坚定“四个自信”，做到“两个维护”。在融合教育工作中，党员教师为特教孩子提供特殊教育优质服务，采取“一对一”帮扶结对、同伴互助、特殊课堂、心灵沟通、加强培训等措施，践行党员示范引领作用，探索出了一条“融合教育”高质量发展的新路子。在防疫工作中，充分发挥党组织战斗堡垒作用和党员先锋模范作用，108 人次参加霞光社区的值守工作，充分彰显了党员教师服务学生、奉献社会的政治觉悟和责任担当。在脱贫攻坚工作中，结对帮扶下摄司村 20 户建档立卡贫困家庭，全体党员教师以购代捐、以买代帮，助力脱贫攻坚。

三、以“勤”解难争先，求得全面发展

一勤天下无难事。党总支所有党员，不论职务，不论年龄，都能全身心为学校教育教学的发展谋大局、想办法，献计献策，加班加点，勤勤恳恳，兢兢业业，从无怨言，践行着“一个支部就是一个堡垒，一名党员就是一面旗帜”的誓言。两个校区的高度融合促进了集团办学，在管理上真正做到了一个集团、一个学校。近几年，学校克服重重困难，积极争取各级各项资金 800 多万元，对湘机校区的运动场、校史馆、艺术馆、综合楼、食堂、多功能报告厅、羽毛球馆、办公室及校园文化进行提质改造；对一完小校区的校门、运动场、公办幼儿园等进行提质改造，师生的幸福指数与日俱增。为缓解校门口的交通拥堵问题，让孩子们安全地上下学，学校请来市、区人大领导和市、区交警队 4 次现场办公，最后实施三个时段大货车限时通行，切实为群众办实事、解难题。

四、以“廉”养心无忧，化解廉政风险

“看取莲花净，方知不染心。”学校把廉政建设作为党员干部安身立命的“护身符”，通过上党课、案例通报等多种形式强化廉洁意识，让党员干部坚守廉政“底线”。同时严格落实党风廉政建设责任制，督促落实“一岗双责”，把党风廉政建设责任制考核纳入学校年度目标管理绩效考核。全体教师签订了师德师风承诺书，积极开展“廉政文化进校园”活动，通过学科教学、班会活动、社会实践等途径来宣传廉政文化，使学生形成正确的人生观、价值观。通过设立校长信箱开展警示教育约谈活动，利用电子屏、工作群反复宣传廉洁警句与上级纪委相关文件精神，观看廉政教育警示片，开展形式多样的“廉政宣传周”活动，筑牢教师规范从教、清廉从教的思想防线，引领党员教师做廉洁从教的模范。

“雄关漫道真如铁，而今迈步从头越。”虽然学校在基层党组织建设上取得了一定成绩，但也深感惶恐和不足，唯有化荣誉为动力，不断鞭策和激励自己，为岳塘教育高质量发展提供方案、贡献力量。